Der Erfolg ist in dir!

Dale Carnegie
& Assoc.

Der Erfolg ist in dir!

Wie man in einer
sich rasch verändernden Welt
mit Menschen umgeht,
Probleme löst und
sich durchsetzt

Ein Leitbild für den Menschen
in Alltag und Beruf

Unter Mitarbeit von
Stuart R. Levine und
Michael A. Crom

Scherz

Für unsere Kinder Jesse Levine und Nicole Crom,
deren Väter viel zu lange abwesend waren,
und für unsere Gattinnen Nancy Crom, deren Unterstützung
nie nachließ, und Harriet Levine, deren Energie
und Organisationstalent halfen,
dieses Buch herauszubringen.

7. Auflage 1995
Einzig berechtigte Übersetzung aus dem Englischen
von Wolfgang Rhiel.
Die Originalausgabe erschien unter dem Titel
«The Leader in You» bei Simon & Schuster, New York.
Copyright © 1993 by Dale Carnegie & Associates, Inc.
Alle deutschsprachigen Rechte beim Scherz Verlag,
Bern, München, Wien. Alle Rechte der Verbreitung,
auch durch Funk, Fernsehen, fotomechanische
Wiedergabe, Tonträger aller Art und
auszugsweisen Nachdruck, sind vorbehalten.

Inhalt

Einleitung: Die Revolution in den zwischen-   9
menschlichen Beziehungen

1 Die Führungspersönlichkeit in sich selbst entdecken   21
Der erste Schritt zum Erfolg · Die eigenen Qualitäten und Stärken erkennen · Den eigenen Visionen und Überzeugungen vertrauen · Von der eigenen Sache überzeugt sein und sie beharrlich verfolgen

2 Kommunikation steht am Anfang   33
Voraussetzungen für eine offene Kommunikation schaffen · Hierarchiegrenzen überwinden · Kommunikation läuft in alle Richtungen, nicht nur von oben nach unten · Der Mann am Band weiß manchmal mehr als der Boß · Kommunikation beruht auf Vertrauen

3 Menschen motivieren   51
Mitarbeiter beteiligen · Teamwork · Mitarbeiter als Individuen behandeln · Mitarbeiter sind zuerst Menschen, dann erst Angestellte · Die klassischen Mittel der Motivation kultivieren

4 Echtes Interesse am anderen zeigen   67
Das Zaubermittel im Umgang mit Menschen · Interesse zeigen heißt Interesse, Engagement und Freude beim anderen wecken

5 Die Dinge aus der Sicht des anderen sehen 79
Zu verstehen suchen · Aus sich heraustreten, um zu entdecken, was für den anderen wichtig ist

6 Zuhören lernen 91
Zuhören ist eines der größten Komplimente · Engagiert, aktiv zuhören · Zuhören ist der beste Weg zu lernen · Niemand ist überzeugender als ein guter Zuhörer · Reden ist Silber, Zuhören ist Gold

7 Gemeinsam in die Zukunft 105
Das Team anstelle der Hierarchie · Teamarbeit will gelernt sein: eine Vision für alle · Ziele formulieren · Die Ziele zu Teamzielen machen · Teamgeist aufbauen · Den Lorbeer teilen, die Niederlage gemeinsam ertragen · Mentor sein, Erfahrungen weitergeben · Teammitglieder sind die Führungskräfte von morgen

8 Die Würde des anderen achten 123
Behandle andere so, wie du selbst behandelt werden möchtest · Wer andere respektiert, wird selbst respektiert · Der Ton macht die Musik · Mitarbeiter beteiligen, involvieren · Leistungsbereitschaft herausfordern, Kooperationsbereitschaft gewinnen · Achtung und Respekt sind das Fundament wahrer Motivation

9 Anerkennung, Lob und Belohnung 141
Geld ist wichtig, aber nicht alles · Menschen arbeiten für Geld, sie engagieren sich und geben ihr Bestes für Anerkennung und Lob

10 Der Umgang mit Fehlern, Beschwerden und Kritik 157
Wir machen alle Fehler · Die eigenen Fehler eingestehen · Zweimal nachdenken, bevor man jemanden kritisiert oder

Schuld zuweist · Nicht verletzen wollen, sondern die Sache verbessern · Mitarbeiter, die ständig kritisiert und geduckt werden, verlieren den Mut · Kritik respektvoll formulieren · Kritik muß konstruktiv sein

11 Ziele setzen 175
Ziele sind Vorgaben, die wir ansteuern können · Ziele bündeln unsere Anstrengungen · Der Erfolg wird meßbar · Ziele müssen klar formuliert sein, eine Herausforderung darstellen und erreichbar sein

12 Konzentration und Disziplin 189
Die goldene Regel des Erfolgs · Ein klares Ziel, an sich selbst glauben, hartnäckig arbeiten · Talent und Kreativität sind wichtig, aber harte Arbeit legt den Grundstein zum Erfolg · Die übergreifenden Ziele nicht aus dem Auge verlieren

13 Das Gleichgewicht finden 205
Das Leben ausbalancieren · Platz für anderes machen außer der Arbeit · Zweidimensional leben: Arbeit und Familie, Arbeit und ... Abschalten können · Den eigenen Weg finden · Höchstleistungen über längere Zeit erwachsen nur aus einem gut ausbalancierten Leben

14 Eine positive Lebenseinstellung finden 217
Du bist, was du denkst · Positives finden, pflegen und bestärken · Negatives meiden

15 Sorge dich nicht – lebe! 229
Lebe von Tag zu Tag · Hilfe aus der Wahrscheinlichkeitsrechnung · Sich mit dem Unausweichlichen verbünden · Stop-Loss-Order für Ihre Sorgen · Die Dinge im richtigen Verhältnis sehen · Aktiv sein · Was, wenn man wirklich Grund zur Sorge hat?

16 Die Macht der Begeisterung   249
Enthusiasmus ist ansteckend · Keine falsche Begeisterung verkaufen wollen · Glaubwürdig sein · Enthusiasmus für eine Sache ist so wichtig wie Talent und harte Arbeit · Begeisterung wächst von innen, wenn man die richtigen Ziele im Leben setzt

Schlußbetrachtung   263
Dale Carnegies Werte in einer neuen Welt · Es liegt Magie in diesen Prinzipien · Packen Sie es an

Dank   267

Einleitung
Die Revolution in den zwischenmenschlichen Beziehungen

> *Seien Sie immer offen für Neues. Suchen Sie die Veränderung. Nur wenn Sie Ihre Ansichten und Gedanken ständig überprüfen, werden Sie Fortschritte machen.*
>
> Dale Carnegie

Das 21. Jahrhundert rückt näher, die Welt erlebt gewaltige Veränderungen, große Umwälzungen, die neue Möglichkeiten eröffnen. Wir werden Zeugen des Beginns der postindustriellen Gesellschaft sein, des anbrechenden Informationszeitalters, des weiteren, unaufhaltsamen Vormarsches des Computers und nicht zuletzt Zeugen und direkte Beteiligte in einer Revolution der zwischenmenschlichen Beziehungen.

Mit dem Ende des kalten Krieges haben die Gesellschaften des Westens eine dramatische Veränderung und Verdichtung erfahren. Der wirtschaftliche Wettbewerb ist globaler und aggressiver geworden. Die Technologie entwickelt sich mit ungeheurer Schnelligkeit. Die Wirtschaft kann die Wünsche und Bedürfnisse ihrer Kunden nicht länger ungestraft übergehen. Die Manager können nicht länger nur befehlen und erwarten, daß man ihnen blind gehorcht. Die Unternehmen müssen sich ständig um Qualitätsverbesserungen bemühen. Über allem aber steht die Forderung: Die Kreativität des Menschen darf nicht länger in solchem Ausmaß und so unverantwortlich ungenutzt bleiben.

Wenn sie in den vor uns liegenden Jahren erfolgreich überleben wollen, müssen Organisationen – in der Wirtschaft, beim Staat und in gemeinnützigen Unternehmungen – sich einem grundlegenden Wandel unterziehen. Die Menschen in diesen Organisationen werden schneller denken, intelligenter arbeiten, verwegener träumen und ganz anders miteinander umgehen müssen.

Das wichtigste ist jedoch, daß dieser Wandel einen völlig neuen Führungstyp erfordert, der ganz anders ist als die Chefs, für die die meisten von uns bisher gearbeitet haben und nach denen der eine oder andere von uns vielleicht selbst geraten ist. Die Zeiten, da ein Unternehmen von einer Sänfte aus mit einer Peitsche geführt werden konnte, sind seit langem vorbei.

Die Führungskräfte von morgen müssen visionäre Kraft und eine Werteordnung für die Organisationen entwickeln, die sie leiten wollen. Sie müssen sehr viel wirksamer kommunizieren und motivieren als in der Vergangenheit. Sie müssen unter fast ständig wechselnden Bedingungen immer im Bilde sein. Und sie müssen alles aktivieren, was ihre Organisationen an Begabung und Kreativität besitzen – von der Werkshalle bis zur Chefetage.

Die Anfänge dieses Umbruchs lassen sich bis zu den Jahrzehnten unmittelbar nach dem Zweiten Weltkrieg zurückverfolgen. In den Nachkriegsjahren war die Wirtschaft Europas und Asiens durch die Zerstörungen des Krieges gehemmt, und die Entwicklungsländer hatten wirtschaftlich noch kaum Gewicht. Die großen amerikanischen Unternehmen setzten, mit einer starken Arbeiterschaft und einer starken Regierung im Rücken, die Maßstäbe für alle anderen. Nicht daß diese Unternehmen so hervorragend geführt worden wären. Das war eigentlich gar nicht nötig. Mit ihren mächtigen Hierarchien, ihren starren Stellenbeschreibungen und der Wir-wissen-es-am-besten-Haltung stampften sie voran – satt, selbstzufrieden und so gewinnbringend wie eben möglich.

Während Amerika die Früchte der Nachkriegszeit genoß, dachten die Japaner voraus. Ihre Wirtschaft lag am Boden, die Infrastruktur war größtenteils zerstört, und sie standen außerdem weltweit in dem Ruf, billigen Ramsch zu produzieren und einen drittklassigen Kundendienst zu haben.

Aber nach all der Not, die sie erlitten hatten, waren die Japaner bereit, aus ihren Fehlern zu lernen. Und so gingen sie los und holten sich die besten Berater, die sie bekommen konnten, z. B. Edwards Deming, der während des Krieges in der Armee der Vereinigten Staaten für Qualitätskontrolle verantwortlich war.

Demings Rat an die Japaner lautete: Versucht nicht, die komplizierten Strukturen der großen amerikanischen

Gesellschaften zu kopieren. Baut statt dessen ein neues japanisches Unternehmen auf – ein Unternehmen, das auf das Engagement der Mitarbeiter setzt, auf die Qualitätsverbesserung und darauf, die Kunden zufriedenzustellen – und bemüht euch, alle Beschäftigten auf dieses Ziel einzuschwören.

Das gelang nicht über Nacht, doch die japanische Wirtschaft stand wieder auf. Japan wurde zu einem Schrittmacher technologischer Innovation, und die Qualität der japanischen Waren und Dienstleistungen verbesserte sich sprunghaft. Durch diesen neuen Geist schlossen japanische Firmen nicht nur zu ihren ausländischen Konkurrenten auf. In vielen wichtigen Branchen zogen die Japaner einfach vorbei. Es dauerte nicht lange, bis ihre Methode den Siegeszug um die Welt antrat – nach Deutschland, Skandinavien, in den Fernen Osten und rund um den Pazifik. Die USA waren eines der letzten Länder, die nachzogen.

Ganz langsam, unmerklich zuerst, verloren die USA ihren Vorsprung. In den sechziger und siebziger Jahren übertönte die auf Hochtouren laufende Nachkriegswirtschaft noch das gelegentliche Stottern des Motors, doch die störenden Anzeichen waren immer schwerer zu überhören.

Das Erdöl wurde teuer. Inflation und Zinssätze stiegen rasant an. Und die Konkurrenz kam nicht mehr nur aus dem wiedererstarkten Japan oder Deutschland. Dutzende anderer Länder tauchten plötzlich mit hellwachen Wettbewerbsinstinkten an der Technologiefront auf. Und schon bald nahmen auch sie den vor sich hin dämmernden Konzernriesen General Motors, Zenith, IBM, Kodak und anderen kräftig Marktanteile ab.

Mitte der achtziger Jahre waren die zunehmenden Schwierigkeiten kaum mehr zu beherrschen. Der Immobilienmarkt schleuderte von einer Krise in die andere. Die Verschuldung der Unternehmen und das staatliche Haushaltsdefizit blähten sich auf. Am Aktienmarkt tat sich Absonderliches. Die nagende Rezession, die sich lähmend über die frühen neunziger Jahre legte, machte ein für allemal klar, wie sehr sich die Welt geändert hatte.

Für diejenigen, die mittendrin saßen, schienen all diese Veränderungen mit einem aberwitzigen Tempo vor sich zu gehen. Wenn Unternehmen nicht fusionierten oder übernommen wurden, strukturierten sie um; viele mußten Bekanntschaft mit den Konkursgerichten machen. Es gab Entlassungen. Der Wandel war brutal. Er war schnell. Und er traf nicht mehr nur die Arbeiter. Fachleute und Führungskräfte aus allen Bereichen sahen sich plötzlich einer gar nicht mehr so rosigen Zukunft gegenüber.

Veränderungen dieser Größenordnung und Geschwindigkeit haben einen sehr starken Einfluß darauf, wie Menschen sich und ihren Berufsweg sehen.

Viele setzen heute auf die Technologie und meinen, die Welt würde mit der Zeit eine Lösung für die gegenwärtigen Schwierigkeiten finden. Und zweifellos kann die moderne Technologie dazu beitragen.

«Der Mikrochip», sagt Malcolm S. Forbes jr., Chefredakteur des Wirtschaftsmagazins, das seinen Namen trägt, «steigert die Leistungsfähigkeit des menschlichen Gehirns so, wie die Maschine die Leistungsfähigkeit der menschlichen Muskelkraft im letzten Jahrhundert vervielfacht hat. Die Software ist heute das, was der Roheisenblock einmal war. Faseroptik und Digitalbildschirm werden die Schienen und Autobahnen für den Verkehr, und die Information ist der Rohstoff.

Heute können Sie Ihre Korrespondenz und Ihre Computerarbeit mit einem handlichen Zweipfünder auf dem Schoß erledigen – und das überall, wo es eine Steckdose oder einen Satelliten gibt.» Und das Ergebnis? Mehr Menschen haben mehr Zugang zu mehr Informationen. «Ein sehr demokratisierender Einfluß», meint Forbes.

Der Fall der Berliner Mauer, die Auflösung des sowjetischen Blocks, die Aufstände in China, die Kämpfe um Demokratie in Lateinamerika und in der Karibik, die fortschreitende Industrialisierung der Entwicklungsländer – all diese Veränderungen bekunden eine neue industrielle Freiheit und die neue Erkenntnis, daß die Welt eine große Gemeinschaft ist. Jede dieser Veränderungen ist durch mehr Zugang zur Kommunikationstechnologie vorangetrieben worden. Aber in schwierigen Zeiten reicht Technologie allein nicht aus. Daß die Mittel zur Kommunikation für jeden zugänglich sind, besagt jedoch nicht, daß die Menschen auch gelernt haben, vernünftig miteinander zu kommunizieren. Dies ist einer der Widersprüche unserer Zeit: die ungeahnten Möglichkeiten zur Kommunikation einerseits und das große Unvermögen, sie zu nutzen, andererseits. Was nützen alle Informationen, wenn die Menschen nicht wissen, wie sie damit umgehen sollen?

Vor nicht allzu langer Zeit führte die Harvard-Universität eine Untersuchung unter Studenten, ehemaligen Studenten und Studienbewerbern durch. Angesichts der heute dringend notwendigen Aufstockung der Kommunikationsfähigkeit dürfte das Ergebnis nicht überraschen. «Wir sind», erklärt Professor John A. Quelch von der wirtschaftswissenschaftlichen Fakultät in Harvard, «zwar hochzufrieden mit der technischen Kompetenz der höheren Semester. Die jungen Leute können mit Zahlen jonglieren, Analysen und Pläne erarbeiten. Doch wo es um Kommunikation und Teamarbeit geht, muß Harvard seine Bemühungen verstärken.»

Natürlich ist technologische Brillanz bei dem Tempo, mit dem die Welt vorwärtsstürmt, nach wie vor sehr wichtig, doch ist sie lediglich die Eintrittskarte für die neue Wirtschaftsbühne. Die Gewinner und Verlierer werden am Ende nicht nach Bytes und RAMs bestimmt. Die Gewinner werden die Organisationen mit aufgeschlossenen und kreativen Führungspersönlichkeiten sein, die erfolgreich kommunizieren und motivieren können – innerhalb der Organisation und außerhalb. Eine gute zwischenmenschliche Qualifikation kann aus einem Manager einen Leader machen. Man kann lernen, fortzuschreiten vom Dirigieren zum Führen, vom Gegeneinander zum Miteinander, von einem System der Geheimniskrämerei zur Transparenz, von der Passivität zur Risikobereitschaft, von der Einstellung, Menschen als Belastung zu empfinden, zu der, sie als Bereicherung zu sehen. Man kann lernen, ein unzufriedenes in ein zufriedenes Leben zu verwandeln, Gleichgültigkeit in Engagement, Mißerfolg in Erfolg.

Kein Mensch hat je behauptet, daß diese Fähigkeiten von allein kämen, und oft tun sie das auch nicht. «Es ist gar nicht so einfach zu wissen, wie man gute zwischenmenschliche Beziehungen vermittelt», erklärt Burt Manning, Chef der weltweit tätigen Werbeagentur J. Walter Thompson Company. «Kaum einer tut es instinktiv. Den meisten muß man es beibringen. Es erfordert genausoviel Training – und Können –, wie wenn man als Ingenieur in einem Automobilunternehmen einen Einspritzmotor verbessern will.

Die Unternehmen, die über Mitarbeiter verfügen, die so handeln, daß die Sache des Unternehmens vorankommt, haben die Nase vorn», sagt Manning. «Das sind die Firmen, die begreifen, daß Service und zwischenmenschliche Beziehungen ganz wesentlich über Erfolg oder Mißerfolg mitentscheiden.»

Dale Carnegie hat nicht mehr erlebt, wie die Zeit des unbeschwerten Überflusses der Zeit des explosiven Wandels gewichen ist. Und er hat auch den Beginn der Revolution in den zwischenmenschlichen Beziehungen nicht mehr erlebt. Aber lange bevor irgend jemand von *Unternehmensvision, Mitbestimmung* oder *Qualitätsverbesserung* sprach, hat Carnegie den Weg für grundlegend neue Vorstellungen über zwischenmenschliche Beziehungen bereitet.

«Zuerst», schreibt Carnegie, «gab ich nur Kurse in freier Rede – Kurse, bei denen Erwachsene aus eigener Erfahrung lernen sollten, beim Denken zu improvisieren und ihre Gedanken sowohl bei Gesprächen als auch vor einer Gruppe klarer, wirkungsvoller und sicherer auszudrücken. Mit der Zeit wurde mir klar, daß diese Erwachsenen, so dringend sie im richtigen Sprechen geschult werden mußten, noch mehr Schulung in der hohen Kunst brauchten, im Alltagsleben und bei sozialen Kontakten mit anderen Menschen zurechtzukommen.»

«Betrachten Sie die Dinge aus der Sicht des anderen», riet er seinen Schülern. «Seien Sie in Ihrer Anerkennung ehrlich und aufrichtig. Zeigen Sie echtes Interesse an anderen.»

Nach fünfzehn Jahren Erfahrung in der Erwachsenenbildung faßte Carnegie seine gesammelten Grundsätze über zwischenmenschliche Beziehungen in einem Buch zusammen. *Wie man Freunde gewinnt*, das erstmals 1936 erschien, war Dale Carnegies praxisbezogener und lebensnaher Leitfaden für den erfolgreichen Umgang mit anderen Menschen. Das Buch war ein Senkrechtstarter und ist auch heute noch eines der meistverkauften Bücher. Carnegie schrieb zwei weitere Bestseller über zwischenmenschliche Beziehungen, darunter *Sorge dich nicht – lebe!*.

Er gründete eine Gesellschaft, die Dale Carnegie & Associates Inc., um seine Botschaft zu verbreiten, und fand rund um die Welt ein interessiertes Publikum. Die Gesellschaft führt heute Dale-Carnegie-Seminare in siebzig Ländern durch.

Bei jeder neuen Generation hat die Botschaft Carnegies ihre Fähigkeit unter Beweis gestellt, sich neu zu definieren und den Bedürfnissen einer sich wandelnden Welt gerecht zu werden. Erfolgreich mit anderen Menschen kommunizieren, sie zu Leistungen anregen, die Führungsqualitäten in jedem von uns entdecken – das waren die Hauptpunkte, um die das Denken Dale Carnegies kreiste.

In diesem Buch werden Carnegies Grundsätze über zwischenmenschliche Beziehungen auf die Herausforderungen angewandt, denen sich Menschen von heute gegenübersehen. Diese Grundsätze sind elementar und einfach zu verstehen. Sie erfordern keine besonderen Vorkenntnisse. Was sie verlangen, sind Übung und die Bereitschaft zu lernen.

Sind Sie bereit, ein paar überkommene Sichtweisen aufzugeben? Sind Sie bereit, Ihr Leben und Ihre zwischenmenschlichen Beziehungen erfolgreicher zu gestalten? Sind Sie bereit, die Führungspersönlichkeit in sich selbst zu suchen, sie zu entwickeln und ihr freie Hand zu lassen?

Wenn ja, lesen Sie weiter. Die folgenden Seiten werden Ihr Leben verändern.

1 Die Führungspersönlichkeit in sich selbst entdecken

Charles Schwab bekam in der Stahlindustrie eine Million Dollar pro Jahr, und er erzählte mir, daß man ihm dieses fürstliche Gehalt hauptsächlich wegen seiner Fähigkeit zahlte, mit Menschen umzugehen. Stellen Sie sich das vor! Eine Million Dollar jährlich, weil er mit Menschen umgehen konnte!

Während der Mittagspause machte Schwab einmal einen Rundgang durch eines seiner Stahlwerke und stieß auf ein paar Arbeiter, die direkt unter einem NICHT RAUCHEN-Schild standen und rauchten.

Schwab plauderte ein bißchen mit den Männern und erwähnte mit keinem Wort, daß sie direkt unter einem NICHT RAUCHEN-Schild rauchten.

Schließlich gab er jedem von ihnen eine Zigarre und sagte augenzwinkernd: «Aber die raucht ihr bitte draußen, Leute, ja?»

Das war alles, was er sagte. Die Männer rechneten es ihm hoch an, daß er sie nicht abgekanzelt hatte. Er hatte sich ihnen gegenüber als guter Kumpel erwiesen, und da wollten sie ihm nicht nachstehen.

Dale Carnegie

Fred Wilpon ist Präsident des berühmten Baseballteams New York Mets. An einem Nachmittag führte er eine Schülergruppe durch das Stadion. Als letztes wollte er den Schülern den Übungsplatz zeigen, wo die Spieler sich aufwärmen. Aber unmittelbar vor dem Tor zum Übungsplatz wurde die Gruppe von einem uniformierten Sicherheitsposten angehalten.

«Der Übungsplatz ist für die Öffentlichkeit gesperrt», erklärte der Posten Wilpon, den er offensichtlich nicht erkannte. «Es tut mir leid, aber Sie können nicht hinein.»

Der Präsident des Clubs hätte den Sicherheitsposten natürlich anherrschen können, der einen so wichtigen Mann wie ihn nicht erkannt hatte. Doch Wilpon tat nichts dergleichen. Er führte die Schüler quer durchs Stadion und ging durch einen anderen Eingang mit ihnen auf den Übungsplatz.

Warum machte er sich diese Mühe? Wilpon wollte den Sicherheitsposten nicht bloßstellen. Der Mann tat schließlich seine Pflicht. Wilpon schickte ihm am Nachmittag sogar ein paar handgeschriebene Zeilen, in denen er sich bei ihm für seine Zuverlässigkeit bedankte. Der Posten fühlte sich durch das Lob geschmeichelt. Und Sie können Gift darauf nehmen, daß er Wilpon erkennt, wenn die beiden sich das nächste Mal begegnen.

Früher haben Geschäftsleute sich nicht groß Gedanken über die Bedeutung des Führens gemacht. Der Chef war der Chef, und er hatte die Verantwortung. Punktum!

Gutgeführte Unternehmen waren diejenigen, die fast militärisch betrieben wurden. Die Befehle kamen von oben und wurden nach unten weitergegeben.

Diejenigen, die die Verantwortung trugen, saßen in ihren Büros und verwalteten, was sie konnten. Möglich, daß sie das Unternehmen ein paar Grad nach links oder ein paar Grad nach rechts steuerten. Normalerweise versuchten sie, die gerade anstehenden Probleme anzupacken, und dann machten sie Feierabend.

Früher, als die Welt noch einfacher war, war Unternehmensführung so in Ordnung. Selten visionär, aber in Ordnung, denn das Leben ging seinen vorhersehbaren Gang.

Aber bloße Unternehmensführung reicht nicht mehr. Die Welt ist zu unberechenbar, zu flüchtig, zu schnellebig für ein so gedankenloses Vorgehen geworden. *Wir brauchen Führung, um Menschen zu helfen, das zu erreichen, wozu sie befähigt sind, um eine Vision für die Zukunft zu entwerfen, um sie zu ermutigen, zu betreuen und zu beraten und um funktionierende Beziehungen aufzubauen und zu pflegen.*

«Früher, als die Firmen noch in einem gefestigteren Umfeld arbeiteten, reichten Managementqualitäten aus», sagt Harvard-Professor John Quelch. «Aber wenn das wirtschaftliche Umfeld unbeständig wird und Ihr Auftrag mehr Flexibilität erfordert, als Sie je erwartet haben, dann werden die Führungsqualitäten entscheidend.»

«Der Wandel hat bereits eingesetzt, und ich bezweifle, daß alle Organisationen darauf vorbereitet sind», sagt der Personalchef von Thompson Micro Electronics, einem der führenden Hersteller von Halbleitern. «Die Position, die wir ‹Manager› nennen, existiert vielleicht nicht mehr lange, und die Vorstellung von ‹Führung› wird neu definiert. Die heutigen Unternehmen stehen mitten in diesem Umdenken. Sie erkennen, während sie ihre Betriebe verkleinern und nach höherer Produktivität streben, daß die Fragen der Mitarbeiterförderung immer wichtiger werden. Eine gute Kommunikation, zwischenmenschliches Geschick, die Fähigkeit, Teams anzuleiten, zu formen und aufzubauen – all das erfordert mehr und bessere Führungskräfte. Mit Weisungen allein geht es nicht mehr. Beeinflussung ist das Mittel. Man braucht echtes ‹Menschengeschick›.»

Viele Menschen haben ein sehr begrenztes Bild von dem, was Führung bedeutet. Man sagt Führungskraft oder «Leader» und denkt dabei an Generale, Präsidenten, Premierminister oder Vorstandsvorsitzende. Offensichtlich wird von Leuten in so hohen Stellungen erwartet, daß sie führen, eine Erwartung, der sie mit unterschiedlichem Erfolg gerecht werden. Doch Tatsache ist, daß Führung nicht an der Spitze beginnt oder endet. Sie ist dort, wo die meisten von uns leben und arbeiten, genauso wichtig, vielleicht sogar noch wichtiger.

Ein kleines Arbeitsteam aufbauen, Mitarbeiter im Büro begeistern, zu Hause für gute Atmosphäre sorgen – das sind die wahren Fronten der Führung. Führen ist niemals einfach. Aber Gott sei Dank gilt auch etwas anderes: Fast jeder von uns hat Führungsqualitäten.

Der Gruppenleiter, der Manager der mittleren Ebene, der Buchhaltungschef, der Kundendienstmitarbeiter, die Angestellte, die in der Poststelle arbeitet – jeder, der mit anderen Menschen zusammenkommt, hat Grund zu lernen, wie man führt.

Ihre Führungsqualitäten entscheiden in hohem Maß darüber, wieviel Erfolg Sie haben und wie glücklich Sie sind. Und das nicht nur bei der Arbeit. Familien, Wohltätigkeitsvereine, Sportvereine, Bürgerinitiativen, Gesellschaftsclubs, was immer Sie wollen – jede dieser Vereinigungen braucht dringend eine dynamische Führung.

Steven Jobs und Steven Wozniak waren in den siebziger Jahren zwei junge Leute aus Kalifornien, die in Jeans herumliefen, einundzwanzig und sechsundzwanzig Jahre alt. Sie waren nicht reich, sie hatten keinerlei wirtschaftliche Ausbildung, und sie hofften auf einen Start in einer Branche, die damals noch kaum existierte. Es war das Jahr 1976, als noch kaum jemand daran dachte, sich privat einen Computer zu kaufen. Damals beschränkte sich das ganze Heimcomputergeschäft auf ein paar genieverdächtige Hobbyisten, die echten «Computerfreaks». Als Jobs und Wozniak ihren Lieferwagen und zwei Rechenmaschinen verkauften, auf diese Weise dreizehnhundert Dollar zusammenbekamen und in Jobs' Garage die Apple Computer Inc. gründeten, schien alles gegen ihren überwältigenden Erfolg zu sprechen.

Doch diese beiden Jungunternehmer hatten eine Vision, eine ganz klare Vorstellung von dem, was sie erreichen wollten. «Computer sind nicht mehr nur für Spinner da», verkündeten sie. «Computer werden bald unverzichtbarer Bestandteil unseres Lebens sein. Wir brauchen preiswerte Computer für alle.»

Vom ersten Tag an blieben die Apple-Gründer ihrer Vision treu, und sie verbreiteten sie bei jeder Gelegenheit. Sie stellten Leute ein, die sich mit der Vision identifizierten und ließen sie teilhaben an ihren Segnungen. Sie lebten die Vision und brachten sie unter die Menschen. Selbst wenn der Betrieb ins Schlingern kam – wenn die Händler sagten, nein, danke, wenn die Leute von der Produktion sagten, nichts zu machen, wenn die Banken sagten, keinen Cent mehr –, die visionären Chefs von Apple ließen sich nicht unterkriegen.

Dann war die Welt soweit. Sechs Jahre nach der Firmengründung verkaufte Apple 650000 Personalcomputer pro Jahr. Die dynamischen Menschenführer Wozniak und Jobs waren ihrer Zeit um Jahre voraus.

Aber nicht nur neue Organisationen brauchen eine visionäre Führung. Anfang der achtziger Jahre kam die Corning Incorporated in größte Schwierigkeiten. Der Name Corning hatte in den USA in Sachen Küchenausstattung einen guten Ruf, doch geriet dieser Name ernsthaft in Mißkredit. Die Fertigungstechnologie des Unternehmens war veraltet, der Marktanteil geschrumpft. Zu Tausenden liefen Corning die Kunden weg. Die schwerfällige Unternehmensleitung war vollkommen überfordert.

In dieser Lage kam der Vorstandsvorsitzende James R. Houghton zu dem Schluß, daß Corning eine völlig neue Vision brauchte, und er lieferte sie auch. Houghton erinnert sich: «Wir hatten einen externen Berater, der ständig mit mir und meinem Team zusammenarbeitete. Er hatte die Gabe, alles leicht erscheinen zu lassen, ein phantastischer Mann, der auf Qualität bestand und uns beschwor, sie nicht aufs Spiel zu setzen.

Wir hatten eine dieser entsetzlichen Gruppensitzungen, und alle waren sehr bedrückt. Ich stand auf und erklärte, daß wir rund zehn Millionen ausgeben würden – die wir gar nicht hatten. Wir würden unser eigenes Qualitätsinstitut gründen.

Es waren ganz unterschiedliche Dinge, die mich dazu bewogen. Aber ich gebe gern zu, ich spürte instinktiv, daß es richtig war. Ich hatte keine Ahnung von den Folgen und wie wichtig diese Entscheidung war.»

Houghton war klar, daß Corning seine Fertigungsqualität erhöhen und die Lieferzeiten verkürzen mußte. Der Vorstandsvorsitzende holte sich Rat bei den besten Fachleuten der Welt – den eigenen Mitarbeitern. Nicht nur bei den Managern und Ingenieuren des Unternehmens. Houghton zog auch die Angestellten heran. Er stellte ein repräsentatives Team zusammen und forderte es auf, den gesamten Fertigungsprozeß des Unternehmens neu zu gestalten.

Nach sechs Monaten Arbeit entschied das Team, bestimmte Betriebsbereiche umzugestalten, um Mängel an der Fertigungsstraße zu verringern und die Maschinen schneller umrüsten zu können. Das Team strukturierte auch die Lagerhaltung von Corning um, damit ein schnellerer Umschlag erreicht wurde. Die Ergebnisse waren umwerfend. Als Houghton die Änderungen in Angriff nahm, betrug die Fehlerquote bei einem neuen Beschichtungsverfahren für Faseroptik achthundert pro eine Million. Vier Jahre später lag dieser Wert sozusagen bei Null. Nach zwei Jahren wurde die Lieferzeit von Wochen auf Tage verkürzt, und die Eigenkapitalrendite von Corning verdoppelte sich binnen vier Jahren nahezu. Houghtons Vision hatte das Blatt buchstäblich gewendet.

Die Unternehmenstheoretiker Warren Bennis und Burt Nanus haben mehrere hundert erfolgreiche Organisationen, große und kleine, hinsichtlich ihrer Führungskultur untersucht. «Eine Führungspersönlichkeit», schreiben die beiden, «muß zunächst einmal ein geistiges Bild vom möglichen und wünschenswerten künftigen Zustand der Organisation entwickeln. Dieses Bild, das wir Vision nennen, kann so vage wie ein Traum oder so klar wie ein Ziel oder Unternehmensmotto sein.» Entscheidend ist, so Bennis und Nanus, «daß eine Vision eine realistische, glaubwürdige, attraktive Zukunft für die Organisation wiedergibt, einen Zustand, der in einigen wesentlichen Punkten besser als der jetzige ist».

Leader fragen: Worauf ist dieses Arbeitsteam aus? Wofür tritt der Unternehmensbereich ein? Wie können wir unsere Arbeit qualitativ verbessern? Die jeweilige Antwort wird so unterschiedlich sein wie die Menschen, die geführt werden, so unterschiedlich wie die Führenden selbst. Das wichtigste ist, daß solche Fragen gestellt werden.

Es gibt nicht nur einen richtigen Weg beim Führen, und unter Führungspersönlichkeiten findet man die verschiedensten Charaktere. Sie sind laut oder still, lustig oder ernst, hart oder verbindlich, forsch oder zurückhaltend. Sie kommen aus sämtlichen Altersgruppen, allen Ländern, beiden Geschlechtern und jeder nur denkbaren Gruppe.

Es geht nicht darum, den erfolgreichsten Leader aufzuspüren, den Sie finden können, und ihn dann sklavisch nachzuahmen. Ein solches Vorgehen ist von Anfang an zum Scheitern verurteilt. Sie werden wahrscheinlich nie über eine schlechte Imitation der Person hinauskommen, die zu sein Sie vorgeben. Die Führungsmethoden, mit denen Sie am besten fahren, sind diejenigen, die aus Ihnen selbst kommen.

Fred Ebb ist ein Komponist, zu dessen preisgekrönten Broadway-Shows u. a. *Cabaret, Der Kuß der Spinnenfrau, Chicago* und *Zorba* gehören. Junge Songschreiber wenden sich häufig an Ebb, um sich fachmännischen Rat zu holen. «Ich empfehle ihnen immer, dem Rat zu folgen, den Irving Berlin George Gershwin gegeben hat», erzählt Ebb.

Als Berlin und Gershwin sich das erste Mal begegneten, war Berlin schon berühmt, Gershwin dagegen noch ein junger, aufstrebender Komponist, der für fünfunddreißig

Dollar die Woche in der Tin Pan Alley arbeitete, dem New Yorker Viertel der leichten Musik. Von Gershwins offensichtlicher Begabung beeindruckt, bot Berlin dem jungen Mann eine Stelle als sein musikalischer Sekretär mit fast dem Dreifachen dessen an, was Gershwin mit dem Schreiben von Songs verdiente.

«Aber nehmen Sie die Stelle nicht an», riet Berlin ihm. «Denn wenn Sie das tun, werden Sie vielleicht zu einem zweitklassigen Berlin. Aber wenn Sie Sie selbst bleiben, werden Sie eines Tages ein erstklassiger Gershwin.»

Gershwin blieb bei Gershwin, und die amerikanische Musik erreichte neue Höhen. «Versuchen Sie nicht, andere zu imitieren», rät Ebb seinen Schützlingen. «Hören Sie nie auf, Sie selbst zu sein.»

Dazu muß man oft erst herausfinden, wer man eigentlich ist, und diese Erkenntnis dann behutsam umsetzen. Das ist so wichtig, daß es sich lohnt, in Ruhe darüber nachzudenken. Stellen Sie sich ganz offen die Frage: Welche persönliche Eigenschaften besitze ich, die in Führungseigenschaften umgewandelt werden können? Seien es Eigenschaften wie unbeirrbare Ausdauer, messerscharfer Verstand, großartige Phantasie, positive Haltung, ausgeprägter Sinn für Werte – lassen Sie sie aufblühen zu echter Führungskraft. Und denken Sie daran, daß Handeln sehr viel mehr bewegt als Worte.

Arthur Ashe, ein Tennisspieler von Weltklasse und ein Vater von Weltklasse, glaubte an das Führen durch Vorbild.

Eine Führungspersönlichkeit setzt Maßstäbe

«Kinder sind weit mehr beeindruckt von dem, was sie sehen, als von dem, was sie hören», sagte Ashe in einem Interview kurz vor seinem Tod. «In jungem Alter nehmen Kinder einen sehr ernst. Wenn Sie die ganze Zeit eine Sache gepredigt haben und sich plötzlich nicht daran halten, sagen sie Ihnen das direkt ins Gesicht.

Ich erkläre meiner sechsjährigen Tochter, daß es nicht anständig ist, wenn man beim Essen die Ellbogen auf den Tisch legt. Und wenn ich dann nach dem Essen meine Ellbogen auf den Tisch lege, sagt sie: ‹Daddy, du hast die Ellbogen auf dem Tisch.› Da muß man Manns genug sein zuzugeben: ‹Du hast recht›, und die Ellbogen vom Tisch zu nehmen. Das ist für sie tatsächlich ein stärkeres Lernerlebnis, als wenn sie es hört. Das eigene Handeln ist also notwendig, nicht nur Worte, um etwas zu erreichen.»

Eine Führungspersönlichkeit setzt Maßstäbe und hält sich daran. Douglas A. Warner z. B. hat immer auf «voller Transparenz» bestanden, wie er es nennt.

«Wenn Sie zu mir kommen und mir einen Vorschlag machen», sagt Warner, Präsident der J. P. Morgan Bank, «stellen Sie sich vor, daß alles, was Sie mir eben gesagt haben, morgen auf der Titelseite des *Wall Street Journal* steht. Sind Sie stolz darauf, dieses Geschäft oder diese Situation so angegangen zu haben, wie Sie es gerade empfohlen haben, volle Transparenz vorausgesetzt? Lautet die Antwort nein, unterbrechen wir auf der Stelle und untersuchen, wo das Problem liegt.» Das ist ein Zeichen von Führungsfähigkeit.

Eine klare, selbstsichere Führung wie diese läßt auch eine Vision Wirklichkeit werden: Mutter Teresa unterrichtete als junge katholische Nonne an einer Schule in einem Viertel des gehobenen Mittelstands von Kalkutta. Doch wenn sie aus dem Fenster blickte, sah sie die Leprakranken auf der Straße. «Ich sah die Angst in ihren Augen. Die Angst, daß sie nie geliebt würden, die Angst, daß sie nie ausreichende ärztliche Pflege erhalten würden.»

Sie konnte diese Angst nicht abschütteln. Sie wußte, sie würde die Geborgenheit des Klosters verlassen, auf die Straßen gehen und Heime des Friedens für die indischen Leprakranken einrichten. In den folgenden Jahren sorgten Mutter Teresa und ihre Missionarinnen der Liebe für Zehntausende Leprakranke, und dieselbe visionäre Kraft beflügelt die Friedensnobelpreisträgerin heute bei der Pflege von Aids-Kranken.

> Der erste Schritt zum Erfolg besteht darin,
> die eigenen Führungsqualitäten zu erkennen.

2 Kommunikation steht am Anfang

Theodore Roosevelts Kinder bewunderten ihren Vater, und sie hatten allen Grund dazu. Eines Tages kam ein alter Freund bekümmert zu ihm. Sein Sohn, noch ein Jugendlicher, war zu Hause ausgezogen und wohnte jetzt bei einer Tante. Der Junge war wild. Er war dies und das. Und der Vater behauptete, daß niemand mit ihm auskommen könne.

Roosevelt erwiderte: «Unsinn. Ich glaube nicht, daß mit dem Jungen etwas nicht stimmt. Aber wenn ein aufgeweckter Junge zu Hause nicht die richtige Behandlung erfährt, geht er irgendwo anders hin.»

Ein paar Tage später traf Roosevelt den Jungen und fragte ihn: «Was ist denn los, daß du daheim ausgezogen bist?»

«Sehen Sie, Colonel», sagte der Junge, «jedesmal, wenn ich zu Dad komme, geht er in die Luft. Er läßt mich nie ausreden. Ich habe immer unrecht. Ich bin immer schuld.»

«Weißt du, mein Junge», erwiderte Roosevelt, «du wirst es jetzt vielleicht nicht glauben, aber dein Vater ist dein bester Freund. Du bedeutest ihm mehr als alles andere auf der Welt.»

«Das mag sein, Colonel Roosevelt», antwortete der Junge, «aber ich wünschte, er würde es mir auf eine etwas andere Art zeigen.»

> *Danach ließ Roosevelt den Vater holen und konfrontierte ihn mit ein paar unbequemen Wahrheiten. Der Vater ging in die Luft, wie der Junge es beschrieben hatte. «Sieh mal», sagte Roosevelt, «wenn du immer so mit deinem Sohn redest wie jetzt mit mir, wundert es mich nicht, daß er ausgezogen ist. Ich frage mich nur, warum er es nicht schon viel früher getan hat. Und jetzt gehst du nach Hause und lernst ihn kennen. Komm ihm auf halbem Weg entgegen.»*
>
> Dale Carnegie

Nichts ist leichter, als bei der Kommunikation zu scheitern. Herablassung, Widerspruch, Tadel, Erniedrigung, andere nach dem Motto behandeln «Ich bin der Chef, und du arbeitest nur hier» – bis in jüngste Zeit waren das weithin anerkannte Formen des menschlichen Miteinanders in einigen der größten und bekanntesten Unternehmen der Welt. Der Kasernenhofton galt als natürliches Vorrecht einer Führungsposition, dazu ein Büro mit Fenster und zwei Stunden Mittagspause. Familien, Schulen und andere Organisationen verhielten sich nach demselben Muster.

Jahrelang wurde Lautstärke mit Härte gleichgesetzt. Starrsinn galt als überlegenes Wissen und Streitlust als Offenheit. Wir alle – Vorgesetzte und Angestellte, Eltern und Kinder, Lehrer und Schüler – sollten dankbar sein, daß diese Zeiten endlich zu Ende gehen.

Der ehemalige Vorsitzende der Chrysler-Automobilwerke vergleicht die alte Methode, in Unternehmen miteinander zu reden, mit einer verzögerten Fassung des Kinderspiels «stille Post». «Wenn zwei Jugendliche Haus an Haus wohnen und etwas untereinander klären müssen, läuft einer über die Wiese, und sie reden über die Sache. Wären sie zwei Mitarbeiter zwei verschiedener Abteilungen eines Unternehmens, würde der eine es seinem älteren Bruder erzählen, der es seiner Mutter sagen würde, die mit seinem Vater sprechen würde, der zur Mutter des anderen Jugendlichen ginge; der andere Jugendliche würde die Botschaft schließlich erhalten und fragen: ‹Was wollte der Junge von nebenan mir denn nun sagen?›

Wir versuchten bei Chrysler, solche Kommunikationsumwege abzuschaffen. Wenn Sie Techniker in einem Werk sind und jemandem am anderen Ende des Werks hundert Meter weiter sagen müssen, daß er etwas ändert, damit Sie Ihre Arbeit besser erledigen können, dann gehen Sie hin und sprechen Sie mit ihm. Bitten Sie nicht Ihren Meister, Ihrem Chef zu sagen, daß er mit seinem Chef redet, denn dann überlegt der andere in einem halben Jahr immer noch, was Sie denn nun geändert haben wollten.»

Immer mehr Menschen in der Wirtschaft und anderswo begreifen allmählich, wie wichtig eine gute Kommunikation ist. Die Fähigkeit zur guten Kommunikation läßt den Funken überspringen. Sie läßt aus großen Ideen Taten werden. Sie macht jede Leistung möglich.

Gute Kommunikation ist nicht schwierig – jedenfalls nicht in der Theorie. Kommunizieren ist schließlich etwas, das jeder von uns täglich tut. Wir alle haben seit frühester Kindheit miteinander kommuniziert. Zumindest glauben wir das. Doch echte Kommunikation, wirksame Kommunikation, ist in der Welt der Erwachsenen tatsächlich relativ selten.

Es gibt kein Patentrezept für das Erlernen guter Kommunikation, aber es gibt einige grundlegende Ideen, die vergleichsweise leicht beherrscht werden können. Hier sind die ersten Schritte zu einer erfolgreichen Kommunikation. Befolgen Sie sie, dann sind Sie auf dem richtigen Weg.

1. Räumen Sie der Kommunikation höchste Priorität ein.
2. Seien Sie anderen Menschen gegenüber offen.
3. Schaffen Sie ein aufgeschlossenes Umfeld für die Kommunikation.

Egal, wie beschäftigt Sie tagsüber sind, *Sie müssen sich Zeit zum Kommunizieren nehmen*, das ist Regel Nummer eins. Die brillantesten Ideen sind wertlos, wenn Sie sie niemandem mitteilen. Kommunikation läßt sich auf viele Arten erreichen – auf Sitzungen, beim Gespräch unter vier Augen mit Kollegen, beim Gang über den Korridor, beim Warten am Kaffeeautomaten oder wenn man eine halbe Stunde in der Kantine verbringt. Das wichtigste ist, daß die Kommunikation nie abreißt.

Kommunikation muß nicht in großen Konferenzräumen erfolgen. Ein Teil der besten Unternehmenskommunikation läuft auf scheinbar formlose Art ab. Der Chef eines großen Dienstleistungsunternehmens bedient sich eines Verfahrens, das er «Unter vier Augen» nennt.

«Leider», so sagt er, «haben wir in Unternehmen Hierarchien. Wir haben einen Präsidenten, einen Vize-Präsidenten und all die anderen Führungsebenen. Unter vier Augen ist eine Möglichkeit, sie zu umgehen. Es sind inoffizielle Gespräche – meistens beim Mittagessen –, wo ich mit den Leuten aus der Firma zusammenkomme, mit denen ich reden möchte. Für mich ist es eine Gelegenheit, zu erfahren, was für sie wichtig ist. Was halten sie von der Firma? Was halten sie von ihrer Arbeit? Ich möchte sie als Individuen kennenlernen. Ich möchte ihnen menschlich näherkommen, und ich möchte, daß sie mir Fragen über die Firma stellen. All das geht unter vier Augen besser.» Das Ergebnis dieser Gespräche ist, daß seine Vision von der Firma allmählich Formen annimmt.

Douglas Warner, Präsident von J. P. Morgan, hat diese Art der direkten Kommunikation bei seiner alteingesessenen Bank eingeführt. «Halten Sie sich auf dem laufenden – buchstäblich», sagt Warner. «Gehen Sie runter zu den Leuten. Gehen Sie raus aus Ihrem Büro, statt darauf zu bestehen, daß alle zu Ihnen kommen.»

Mehrmals wöchentlich trinkt Warner oder sein erster Assistent mit dreißig oder vierzig Spitzenmanagern der Bank Kaffee. «Kommunikation Auge in Auge, direkt und zwanglos», wie Warner sich ausdrückt. Selbst eine Bank wie Morgan hat den Nutzen dieser einfachen Plaudereien erkannt. Das gleiche wird auf der Chefetage praktiziert. «So werden jeden Tag die geschäftsführenden Direktoren der Firma, gut dreihundert Leute, in einen großen Saal zum Mittagessen gebeten – diejenigen, die in New York sitzen, und diejenigen, die aus dem Ausland angereist sind. Auf diese Weise haben wir jeden Tag ein echtes Forum.»

Der Produktionsleiter des Küchenbauers Corning schildert diesen Vorgang in seiner Firma: «Ich verwende dafür den Ausdruck Grundfischen, einer Sache auf den Grund gehen und fragen, was geht wirklich vor sich? Worüber machen sich die Leute Sorgen? Was sagen sie? Womit haben sie zu kämpfen? Was kann man tun, um ihnen zu helfen?»

Die Notwendigkeit wirksamer Kommunikation macht an der Bürotür nicht halt. Sie reicht bis nach Hause, in die Schule, die Kirche, sogar in die heiligen Hallen der Wissenschaft. Überall, wo Menschen zusammenkommen, ist Kommunikation der Schlüssel.

Es war einmal so, daß Wissenschaftler ihr ganzes Leben im Labor verbringen konnten und einzig den Wahrheiten der natürlichen Ordnung nachjagten. Doch diese Zeiten sind vorbei. In der vom Wettbewerb geprägten Welt von heute müssen selbst Wissenschaftler zuhören und reden.

«Viele Wissenschaftler wissen nicht, wie sie wirksam vermitteln können, was sie tun», sagt Dr. Ronald M. Evans, Professor am Salk-Institut für Biologie. «Sie wissen, was sie machen. Sie wissen auch ziemlich genau, warum sie es machen. Aber es fällt ihnen schwer, das richtig darzustellen, ihre Gedanken außerhalb des Labors zu vermitteln. Das bedeutet eine beträchtliche Einschränkung auf vielen Ebenen. Wenn Sie Gelder auftreiben wollen, müssen Sie die Leute überzeugen, daß Sie etwas tun, das wichtig ist.»

Als Lee Iacocca bei Ford anfing, stellte er eine ähnliche Beschränkung bei vielen Autokonstrukteuren und Ingenieuren fest: «Ich habe viele Ingenieure mit phantastischen Ideen kennengelernt, die Mühe hatten, sie anderen verständlich zu machen. Es ist ein Jammer, wenn ein hochbegabter Mann der Geschäftsführung oder einem Ausschuß nicht vermitteln kann, was er im Kopf hat.»

Wenn sie diese elementare menschliche Fähigkeit nicht beherrschen – die Fähigkeit, mit anderen zu reden und ihnen zuzuhören –, können Mitglieder eines Unternehmens, einer Schule oder einer Familie sich nicht entfalten.

Im Haus der Levines ging es munter zu. Die Kinder waren größer geworden. Das hieß Spielnachmittage, Geburtstagsfeiern, Baseballspiele in der Kinderliga, Religionsunterricht – und so viele Fahrgemeinschaften für Harriet, daß sie sie gar nicht mehr zählen konnte.

Stuart liebte seine Arbeit, aber die Reisen waren entsetzlich und hielten ihn länger von der Familie fern, als ihm lieb war. So war Harriet mit Jesse und Elizabeth allein zu Hause, wunderbaren Kindern, die aber von Tag zu Tag selbständiger wurden.

«Jesse und Elizabeth saßen viel zuviel vor dem Fernseher», erinnert Harriet sich, «und sie lasen bei weitem nicht genug. Wir hatten kaum Zeit, miteinander zu reden.»

Doch bevor die Sache aus dem Ruder lief, setzten sich die Levines eines Abends zusammen und machten einen Plan. Sie beschlossen, einen Familienrat zu bilden. Jeden Sonntag nach dem Essen wollten sie sich am Küchentisch versammeln und in aller Ruhe über das reden, was jedem auf dem Herzen lag. «Dahinter steckte der Gedanke, eine regelmäßige Plattform für die Kommunikation in der Familie zu schaffen, jede Woche, egal, was passierte», erklärt Harriet.

Der Familienrat nahm sich wichtiger und weniger wichtiger Dinge an. Sollen die Kinder eine halbe Stunde lesen, bevor sie fernsehen? Ist Stuart rechtzeitig zum Fußballspiel wieder zu Hause? Wann bringt Harriet endlich mal ein anderes Hühnergericht auf den Tisch?

Am Ende der Zusammenkunft bekamen die Kinder ihr wöchentliches Taschengeld. «Es wird erwartet, daß jeder teilnimmt, und niemand bekommt Ärger – solange er sich offen äußert.»

Der größte Fehler, den Manager im allgemeinen zu machen pflegen – neben dem, daß sie meinen, alle Weisheit komme von ihnen –, ist die mangelnde Einsicht, daß jede Kommunikation unbedingt in beide Richtungen laufen muß. Man muß anderen von den eigenen Ideen erzählen und sich anhören, was sie darüber denken. Das ist die zweite Regel: *Seien Sie offen für andere – über, unter und neben sich.*

Der römische Dichter Publilius Syrus hat diese Seite des menschlichen Wesens schon vor zweitausend Jahren erkannt, als er schrieb: «Wir nehmen Anteil an anderen, wenn sie Anteil an uns nehmen.»

Wenn Sie Ihren Kolleginnen und Kollegen vermitteln können, daß Sie aufgeschlossen für ihre Vorstellungen sind, werden sie höchstwahrscheinlich auch aufgeschlossener Ihnen gegenüber sein – und Sie über das auf dem laufenden halten, was Sie wissen müssen. Zeigen Sie, daß Sie sich Gedanken über die Zukunft des Unternehmens machen und genauso viele Gedanken über Ihre Mitarbeiter. Und zeigen Sie das nicht nur Ihren Kollegen. Vermitteln Sie dieses Engagement auch Ihren Kunden.

Beim Bankhaus Saunders Karp & Company hat Thomas A. Saunders ein professionelles Auge auf dynamische Unternehmen, bei denen er das Geld seiner Kunden anlegen kann. Er hat den Blick für lohnende Objekte. Und nichts beeindruckt Saunders mehr als ein Unternehmen, das es versteht, mit seinen Kunden zu kommunizieren.

Vor einiger Zeit hat er einen Schmuckgroßhändler im Bundesstaat Louisiana besucht. Einen ganzen Tag hat er sich auf dem Firmengelände umgesehen. Doch letztlich brauchte Saunders nur fünf Minuten in der Abteilung Telefon-Marketing, um das erstklassige Kommunikationsverhalten des Unternehmens zu erkennen.

«Die Kunden wurden am Telefon sehr gekonnt bedient, und der Service war ausgezeichnet», bemerkte Saunders. «Sie machten offenbar keine Fehler. Es lief wie am Schnürchen: ‹Sie möchten diesen Artikel? . . . Ja, der ist am Lager . . . Und zwei Stück davon? Geht in Ordnung . . . Und von dem Artikel drei? Ja, ist vorrätig . . . Nein, das müßten Sie noch einmal bestellen . . . Darf ich Ihnen etwas anderes vorschlagen? . . . Ja, gerne, wenn Sie im Katalog auf Seite 600 nachsehen, da ist eine Fassung . . .› Zack. ‹Vielen Dank.› Nach fünfzehn Sekunden war alles vorbei. Unglaublich.»

Ein Telefonat dauerte im Durchschnitt fünfzehn Sekunden, und der normale Kunde war am Ende hochzufrieden. Wer würde in so ein Unternehmen kein Geld stecken?

Man ist sehr schnell von den Kunden und Kollegen isoliert, vor allem wenn man in einem Unternehmen seinen Weg macht. Aber egal, wie weit man kommt, die Kommunikation muß in alle Richtungen gehen, man muß reden und zuhören, entlang der Befehlskette nach oben und nach unten.

Ronald Reagan wurde nicht umsonst der große Kommunikator genannt. Während seiner langen politischen Laufbahn achtete er immer darauf, den Menschen, denen er diente, zuzuhören und mit ihnen zu reden. Auch noch als Präsident las Reagan regelmäßig Wählerpost. Jeden Nachmittag ließ er sich eine Briefauswahl zusammenstellen. Abends nahm er die Briefe mit und beantwortete sie persönlich.

Bill Clinton hat die vom Fernsehen übertragenen Wählerversammlungen im wesentlichen genauso institutionalisiert: auf dem laufenden bleiben über das, was die Menschen bewegt, und ihnen zeigen, daß er sich ihrer Sorgen annimmt. Auch wenn er nicht für alle Probleme eine Lösung hat – Clinton ist da, hört zu, hat Kontakt, spricht darüber, wie er die Dinge sieht.

Nichts von alldem ist neu. Schon Abraham Lincoln ist vor mehr als hundert Jahren ähnlich vorgegangen. Damals konnte sich jeder Bürger schriftlich an den Präsidenten wenden. Manchmal bat er einen Berater, die Petitionen zu beantworten, aber sehr oft antwortete er selbst.

Das hat ihm einige Kritik eingebracht. Warum sich mit so etwas abgeben, wo ein Krieg zu führen, ein Bündnis zu retten war? Weil Lincoln wußte, daß das Verständnis der öffentlichen Meinung ein wichtiger Bestandteil seiner Präsidentschaft war, und er wollte sie aus erster Hand erfahren.

Richard L. Fenstermacher, Marketingdirektor bei Ford, glaubt fest an die Informationen aus erster Hand. «Meine Tür ist offen», sagt er seinen Mitarbeitern immer wieder. «Wenn Sie den Gang entlangkommen und sehen mich am Schreibtisch, kommen Sie kurz rein, auch wenn Sie nur hallo sagen wollen. Wenn Sie eine Idee bei mir loswerden möchten, tun Sie's. Kümmern Sie sich nicht um den Instanzenweg.»

Diese Art des zwanglosen Miteinanders kommt nicht von ungefähr. Sie ist da zu finden, wo Regel Nummer drei ins Spiel kommt: *Schaffen Sie ein Umfeld, das aufgeschlossen für Kommunikation ist.*

Im allgemeinen gilt: Menschen sagen nicht, was sie denken – und hören nicht richtig zu, wenn man ihnen etwas sagt –, wenn nicht eine Grundlage aus echtem Vertrauen und gemeinsamen Interessen geschaffen worden ist. In diesem Punkt können wir kaum täuschen. Was man wirklich von einem Gespräch mit jemandem hält, ob man aufgeschlossen ist oder nicht, tritt klar und deutlich zutage, egal, was man sagt. «Man merkt sofort, ob jemand zugänglich ist oder nicht», sagt die amerikanische Olympiaturnerin Mary Lou Retton. «Wenn man dieses Gespür hat, kann man es jemandem an der nichtverbalen Kommunikation und der Körpersprache ansehen. Man merkt, wenn jemand in der Ecke steht und zu verstehen gibt: ‹Du, ich möchte nicht angesprochen werden.›»

Wie kann man vermeiden, eine solche Botschaft auszusenden? Seien Sie offen, gehen Sie positiv auf die Menschen zu, und zeigen Sie ihnen, daß Sie sie mögen. Befolgen Sie den Rat von Mary Lou Retton: «Realistisch und bescheiden zu sein, ist enorm wichtig. Ich versuche, den Leuten die Befangenheit zu nehmen. Es ist überall dasselbe, auf jeder Ebene, ob man Vorstandsvorsitzender eines Unternehmens oder Vertreter ist. Es ist lediglich ein anderer Job.» Darum geht es, wenn man ein aufgeschlossenes Umfeld schaffen will: den Leuten die Befangenheit nehmen.

Das war früher einfacher als heute. Der ehemalige Star der New York Yankees, Joe Garagiola, erinnert sich, wie viele direkte Kontakte es zwischen den Spielern und Fans gegeben hat: «Wenn wir vom Platz kamen und nach dem Spiel nach Hause fuhren, saßen wir neben den Fans in der U-Bahn, die ein paar Stunden vorher noch die Stehplätze im Stadion bevölkert hatten.

Es war nichts Ungewöhnliches, wenn einer der Fans sagte: ‹He, Joe, warum hast du diesen dritten Schlag angenommen? Warum hast du ihn nicht durchgelassen?› Heute gibt es diesen persönlichen Kontakt zwischen Fan und Spieler nicht mehr, und der Fan liest nur noch, ob der Spieler einen Vertrag über sechs oder sieben Millionen abgeschlossen hat oder nicht.»

Ray Stata, Chef eines Herstellers hochwertiger integrierter Schaltkreise, lernte von einem einflußreichen Clubpräsidenten, wie wichtig es ist, sich persönlich zu engagieren. Er erinnert sich: «Wenn er über Führung sprach, gebrauchte er häufig die Formulierung: ‹Ich liebe meine Jungs.› Für ihn war das eine Grundvoraussetzung für das Führen. Und die ‹Jungs› mußten das wissen. Wenn Sie also ein Umfeld haben, in dem die Menschen am Ende des Tages wirklich glauben, daß sie Ihrem Engagement und Interesse an ihrem Wohlergehen vertrauen können, dann haben Sie bedeutungsvolle Beziehungen geschaffen.» Dann, und nur dann, ist der Boden für die Kommunikation richtig bereitet.

Erwarten Sie nicht, daß dies ohne einen Handschlag zu tun vor sich geht.

Vor einigen Jahren versuchte der Produktionsleiter von Corning, einen Gewerkschaftsführer davon zu überzeugen, beim Qualitätsverbesserungsprogramm mitzumachen, das die Firma in Angriff nehmen wollte. Er redete mit Engelszungen und, wie er meinte, sehr überzeugend von der Bedeutung der Qualitätsverbesserung. Das Programm, versprach er dem Gewerkschaftsfunktionär, würde der Unternehmensführung und der Belegschaft das Leben erleichtern. Aber der Gewerkschaftsboß glaubte ihm offensichtlich kein Wort.

Der Leiter erinnert sich: «Er stand auf und sagte: ‹Das ist doch Schwindel. Ihr Burschen wollt doch nur mehr aus den Arbeitern rausholen.›»

Sie blieben dennoch im Gespräch. «Er lenkte etwas ein», sagt der Leiter, «aber ich konnte ihn nicht überzeugen und kam zu dem Schluß, daß ich sein Vertrauen niemals würde erringen können. Ich konnte lediglich zeigen, daß ich es verdiente. Und so sagte ich zu ihm: ‹Ich komme im nächsten Jahr wieder mit diesem Thema und im Jahr darauf auch und im Jahr darauf ebenfalls. Ich werde dieses Thema immer wieder anschneiden.›» Und das machte er tatsächlich.

Es dauerte mehrere Jahre, bis seine Botschaft durchdrang; der Produktionsleiter mußte einmal an einigen kleineren Beispielen beweisen, daß man ihm überhaupt vertrauen konnte. Er mußte auch zeigen, daß er sich die Sorgen der Gewerkschaft anhörte. Aber letztlich brachte er die Geduld auf, die Botschaft wirken zu lassen, und die Gewerkschaft wurde ein echter Partner beim Qualitätsverbesserungsprogramm.

Und noch etwas, das Sie sich merken sollten: *Wenn jemand das Risiko auf sich genommen hat, Ihnen zu sagen, was er denkt, strafen Sie ihn nicht für seine Offenheit. Unterlassen Sie alles – wirklich alles –, was den Betreffenden davon abbringen könnte, das Risiko, mit Ihnen zu kommunizieren, noch einmal auf sich zu nehmen.*

«Wenn Mitarbeiter etwas vorschlagen, womit ich nicht einverstanden bin, muß ich ihnen ganz behutsam beibringen, daß ich anderer Meinung bin», erklärt Fred J. Sievert, der Finanzchef eines New Yorker Versicherungsunternehmens. «Ich möchte sie ermuntern, bei nächster Gelegenheit wieder einen Vorschlag zu machen. Ich sage meinen Mitarbeitern, daß ich möglicherweise in neunundneunzig von hundert Fällen anderer Meinung als sie bin, aber dennoch möchte, daß sie weiterhin mit ihren Vorstellungen zu mir kommen. Dafür werden sie bezahlt. Dieses eine Mal von hundert ist es, worauf es ankommt, und ich halte sie nicht für unfähig, weil ich die anderen Male nicht ihrer Meinung war.»

Einer von hundert Fällen. Das klingt vielleicht nicht sonderlich beeindruckend, aber es sind schon aus noch selteneren Anlässen große Vermögen entstanden. Deshalb ist es so wichtig, zuzuhören und sich mitzuteilen.

Kommunikation ist ein Handwerk und eine Kunst. Sie ist etwas, über das nachzudenken und das zu praktizieren öfter lohnt, als die meisten Menschen tun. Manchmal bringt sie es auch mit sich, daß man sich eine Blöße gibt. Man vertraut sich anderen an und erwartet, daß sie sich uns anvertrauen. Das ist nicht immer einfach. Es erfordert Mühe und Zeit. Man muß sich Techniken aneignen und sie ständig praktizieren. Aber fassen Sie sich ein Herz. Praxis bringt tatsächlich Perfektion oder doch beinahe.

Kuo Chi-Zu ist Generalstaatsanwalt in der taiwanesischen Hauptstadt Taipeh und ein mitreißender Redner. Doch er hat sich nicht immer so leicht getan, vor einer Gruppe zu reden. Als aufstrebender junger Staatsanwalt wurde Chi-Zu immer wieder gebeten, vor lokalen Verbänden zu reden. Er sagte bei den Rotariern nein. Er sagte beim Lions Club nein. Und er sagte auch bei den Jungunternehmern nein. Er hatte – wie viele Menschen – eine solche Angst vor dem Gedanken, in der Öffentlichkeit aufzutreten, daß er jede Einladung ablehnte.

«Selbst wenn ich nur an einer Sitzung teilnahm», erinnert er sich, «suchte ich mir immer einen Platz am Rand aus. Und ich sagte auch kaum ein Wort.»

Er wußte, daß diese Angst sein berufliches Fortkommen behinderte – ganz zu schweigen von den Angstanfällen, die ihm nachts den Schlaf raubten. Ihm war klar, daß er sein Kommunikationsproblem in den Griff bekommen mußte.

Dann wurde Chi-Zu eines Tages gebeten, einen Vortrag an seiner alten Universität zu halten, und er erkannte sofort, daß dies seine Chance war. Er hatte in den zurückliegenden Jahren ein enges Verhältnis zur Universität, ihren Studenten und Professoren gepflegt.

Wenn es irgendwo Zuhörer gab, denen er vertrauen konnte und die aufgeschlossen sein würden für seine Worte, dann dort.

Er sagte zu und bereitete sich, so gut er konnte, vor. Er wählte ein Thema, das er beherrschte und das ihm außerdem am Herzen lag: seine Arbeit als Staatsanwalt. Er baute seine Rede durch Beispiele aus dem wirklichen Leben aus. Er lernte nicht auswendig. Er machte sich auch keine Notizen. Er trat einfach vor das Auditorium und sprach, als hätte er einen Saal voller Freunde vor sich, was auch zutraf.

Sein Vortrag war ein großer Erfolg. Vom Pult aus konnte er sehen, wie die Blicke aller an ihm hingen. Er hörte, wie die Anwesenden über seine Anekdoten lachten. Er spürte ihre Zuneigung und Aufmerksamkeit, und als er seine Rede beendete, erhoben sich die Studenten und jubelten ihm zu.

Chi-Zu gewann an dem Tag einige wertvolle Erkenntnisse über die Kommunikation: daß die Kommunikation eine gewisse Offenheit und eine vertrauensvolle Umgebung braucht und wie reich der Lohn einer erfolgreichen Kommunikation sein kann. Chi-Zu rastete nicht. Er wurde einer der Favoriten im Kreis der Vortragsredner von Taipeh und brachte es binnen kurzem zum Generalstaatsanwalt.

Kommunikation beruht auf Vertrauen.

3 Menschen motivieren

Schon als Junge fiel Andrew Cramer auf, wieviel Wert viele Menschen auf ihren Namen legen. Mit zehn Jahren hatte er ein Kaninchenpaar. Als er eines Morgens aufwachte, stellte er fest, daß er einen ganzen Stall voll kleiner Kaninchen hatte, aber nichts, um sie zu füttern.

Was, meinen Sie, hat er getan? Ihm kam eine geniale Idee. Er erzählte einem halben Dutzend Jungen aus der Nachbarschaft, daß er die Kaninchen nach ihnen benennen würde, wenn sie täglich Löwenzahn, Gras und Klee für die Kaninchen sammelten. Der Plan ging wunderbar auf.

Andrew hat das nie vergessen. Jahre später hat er Millionen damit verdient, daß er die gleiche Methode in der Wirtschaft anwandte. Er wollte der Pennsylvania Railroad Stahlschienen verkaufen. J. Edgar Thomson war damals Präsident der Gesellschaft. Andrew Cramer erinnerte sich dessen, was er aus der Kaninchengeschichte gelernt hatte, baute in Pittsburgh ein großes Stahlwerk und benannte es nach J. Edgar Thomson.

Als die Pennsylvania Railroad danach Stahlschienen brauchte, wo, glauben Sie, hat J. Edgar Thomson sie gekauft?

Dale Carnegie

Paul Fireman brauchte hochmotivierte Mitarbeiter. Fireman, Vorsitzender von Reebok International, gab ein ungewöhnlich mutiges Versprechen. Binnen zwei Jahren, schwor er sich, würde Reebok den Marktanteil der Konkurrenz übertreffen.

Fireman bestach weder diejenigen, die für ihn arbeiteten, noch drohte oder schmeichelte er ihnen. Er motivierte sie. Er zeigte seinen Beschäftigten, daß er bereit war, Risiken einzugehen, und ermutigte sie, es ebenso zu machen. Er zog ein innovatives Produktentwicklungsprogramm auf und stattete es finanziell großzügig aus. Er gelobte, jeden Preis zu zahlen – jeden –, um die Spitzensportler der Welt zu Wortführern von Reebok zu machen. Fireman lebte eine neue Reebok-Vision, vierundzwanzig Stunden am Tag.

«Man muß etwas aufbauen, das mitreißt», erklärt er. «Ich glaube nicht, daß man den Leuten Engagement vorschreiben kann. Man muß die Menschen mitreißen durch seine Gedanken, seine Visionen, Träume, Phantasien, durch alles, was man tut. Es braucht Zeit. Es braucht Mühe. Es braucht ständiges Bekräftigen. Aber Sie schreiben nichts vor.

Wenn Sie einen Menschen mitreißen, kommt es zu einem Schneeballeffekt. Der Betreffende ist imstande, zehn andere Menschen mitzureißen. Und die sind imstande, hundert Menschen mitzureißen. Viele haben mein Ziel für verwegen gehalten. Doch nach dem zweiten, dritten, zehnten, zwanzigsten oder dreißigsten Tag erkannten sie, daß es keine Behauptung ist. Es ist eine Art zu leben.

Es ist wie in den alten Westernfilmen, in denen der Held seinen letzten Kampf gegen den Schurken kämpft und die bedrängte Heldin rettet», erklärt Fireman. «Der Held reitet auf seinem Schimmel in den Kampf, ein Begleiter neben ihm, und von rechts schließt sich ihnen jemand an. Dann zehn weitere Reiter von links. Und sie reiten, bis es am Ende der dreißig Sekunden siebenhundert sind, die in einer Staubwolke zum Showdown galoppieren.

Sie können nicht warten, bis Sie alle beisammenhaben, um sie zu fragen: ‹Kommt ihr mit zum River Creek?› Sie müssen den Wunsch in ihnen wecken mitzukommen. Sie reiten. Sie brechen auf. Die Musik schwillt an. Und wenn Sie ankommen, wird Ihnen klar: Ob Sie siebenhundert oder neunhundert Mann gebraucht hätten – das entscheidende war, daß Sie losgeritten sind. Und Ihre Begleiter wollten mitreiten. Sie haben in ihnen den Wunsch geweckt mitzureiten.»

Solche Gefühle muß ein Leader entfachen können. «Wir sitzen alle in einem Boot.» – «Wir sind Teil einer Mannschaft.» – «Wir machen etwas Wertvolles.» – «Wir sind die Besten.» Das ist der Boden, auf dem echte Motivation gedeiht.

Natürlich möchte jeder seinen Gehaltsscheck, eine Zulage am Jahresende, Belegschaftsaktien und auch ordentliche Sozialleistungen. Aber echte Motivation erwächst niemals nur aus finanziellen Anreizen oder aus der Angst, vor die Tür gesetzt zu werden. Wer nur für sein Gehalt arbeitet und nicht, weil er das, was er macht, gern macht und/oder sich angeregt fühlt, es gut zu machen, wird immer nur so viel arbeiten, wie er muß, um sein Geld zu bekommen. Angst ist ein genauso schlechter Antrieb. Unternehmen, die auf dieser Grundlage geführt werden, haben am Ende mürrische Mitarbeiter, die nur darauf aus sind, ihren Chef auszunutzen.

«Es gibt unter der Sonne nur eine Methode, die Menschen dazu zu bringen, alles zu geben», hat Dale Carnegie gesagt, «und zwar, indem man erreicht, daß der andere alles geben möchte. Einen anderen Weg gibt es nicht.

Selbstverständlich können Sie jemanden dazu bringen, Ihnen seine Armbanduhr zu geben, indem Sie ihm eine Pistole auf die Brust setzen. Sie können Ihre Beschäftigten dazu bringen, mit Ihnen zusammenzuarbeiten – bis zu der Sekunde, wo Sie ihnen den Rücken kehren –, indem Sie ihnen mit Entlassung drohen. Sie können ein Kind dazu bringen, das zu tun, was Sie möchten, indem Sie es schlagen oder ihm drohen. Doch diese rüden Methoden haben höchst unerwünschte Rückwirkungen.»

Was wollen denn die Menschen wirklich? «Gar nicht viel», meinte Carnegie. «Gesundheit und ein langes Leben. Nahrung. Schlaf. Geld und das, was man sich mit Geld kaufen kann. Ein Leben im Jenseits. Sexuelle Erfüllung. Das Wohl ihrer Kinder. Und das Gefühl, etwas zu gelten.

Fast all diese Wünsche werden normalerweise erfüllt, bis auf einen. Es gibt eine Sehnsucht, die fast so tief und beherrschend ist wie das Bedürfnis nach Nahrung und Schlaf. Es ist das, was Freud den Wunsch nach Größe nennt und Dewey den Wunsch, wichtig zu sein.»

Geben Sie den Menschen das Gefühl, wirklich zu etwas nütze zu sein, das Gefühl, daß sie für ein hohes, beiden Seiten wichtiges Ziel arbeiten. Daraus erwächst echte Motivation – die Motivation, die eigene Arbeit nicht nur zu erledigen, sondern Besonderes zu leisten.

Nehmen Sie Notiz von den Menschen. Beziehen Sie sie ein. Ermutigen Sie sie. Bilden Sie sie weiter. Fragen Sie sie nach ihrer Meinung. Loben Sie sie. Ermöglichen Sie ihnen, Entscheidungen zu treffen. Teilen Sie den Ruhm mit ihnen. Suchen Sie ihren Rat, und befolgen Sie ihn, wenn möglich. Machen Sie ihnen bewußt, wie sehr man sie schätzt. Ermuntern Sie sie, Risiken einzugehen. Geben Sie ihnen die Freiheit, so zu arbeiten, wie sie es für richtig halten, und bringen Sie Ihren Glauben an ihre Fähigkeiten dadurch zum Ausdruck, daß Sie sich heraushalten.

Mit anderen Worten, zeigen Sie den Menschen, daß Sie ihnen vertrauen, sie achten und für sie da sind. Tun Sie das, und Sie werden motivierte Menschen um sich haben.

«Sorgen Sie für Ihre Leute, und das Geschäft sorgt für sich selbst», sagt der Geschäftsführer eines Installationsbetriebs in New Orleans, ein Mann, der für dreihundert Angestellte verantwortlich ist. Einer von ihnen ist Brian Clemons, ein junger Techniker, der für die Firma arbeitet.

Clemons hatte Urlaub, als er eines Morgens in einem Baumarkt einige Bretter kaufen wollte. Während er darauf wartete, daß die Bretter zugeschnitten wurden, bekam er zufällig mit, wie sich ein Mann über den Installationsbetrieb beklagte. Acht oder neun andere Baumarktkunden standen dabei und hörten das Klagelied interessiert an.

«Brian hätte verschiedenes machen können», sagte der Geschäftsführer später, als er erzählte, wie es weiterging. «Er hatte Urlaub. Seine Frau erwartete ihn zu Hause. Er hätte sich um seine privaten Dinge kümmern und übergehen können, was da gesprochen wurde. Doch Brian Clemons trat zu dem Mann und sagte: ‹Entschuldigen Sie, aber ich habe unfreiwillig mit angehört, was Sie diesen Leuten gerade erzählt haben. Ich arbeite bei dieser Firma. Würden Sie mir die Gelegenheit geben, die Sache in Ordnung zu bringen? Ich kann Ihnen garantieren, daß wir Ihr Problem lösen können.›

Sie können sich denken, was für Gesichter diese Kunden gemacht haben. Sie waren erstaunt. Brian, der keine Arbeitskleidung trug, ging zu einem Telefon, rief seine Firma an und beorderte ein Kundendienstteam zum Haus des Mannes. Das Team wartete bereits, als dieser Kunde nach Hause kam, und erledigte die Sache zu seiner vollen Zufriedenheit. Später stellten wir fest, daß Brian sogar noch weiter gegangen war. Als er aus dem Urlaub zurückkam, ging er der Sache nach, um sich zu vergewissern, daß der Kunde zufrieden war. Er räumte dem Kunden außerdem ein Zahlungsziel ein und entschuldigte sich für die Unannehmlichkeiten.»

Ein seltener Fall? In einigen Firmen wäre so etwas undenkbar. Daß Angestellte so viel Verantwortung übernehmen? Sich um Dinge kümmern, die eigentlich gar nicht in ihr Gebiet fallen? Ihre kostbare Urlaubszeit «verschwenden»? Höchst unwahrscheinlich. Doch der Geschäftsführer hat sich dafür eingesetzt, daß dieses Verhalten in seiner Firma Standard ist. Er hat sich bemüht, seinen Beschäftigten verständlich zu machen, daß dies *ihr* Unternehmen ist und sein Erfolg auch ihnen Erfolg bringt. «Das sagt einem vielleicht der gesunde Menschenverstand», bemerkt er, «aber genauso sollen unsere Leute sich engagieren.»

Wie kann man seine Beschäftigten zwingen, sich so für ihre Arbeit einzusetzen? Die Antwort: überhaupt nicht. Kein Mensch kann gezwungen werden, Außergewöhnliches zu leisten. Das leisten sie nur, wenn sie wollen. Das Problem ist, ihnen einen Grund dafür zu liefern.

«Unser Handeln entspringt letztlich unserm Wollen», hat Harry A. Overstreet geschrieben. «Der beste Rat, den man jemandem geben kann, der einen anderen überzeugen möchte, sei es geschäftlich oder privat, in der Schule oder in der Politik, ist der: ‹Wecken Sie im anderen als erstes einen starken Wunsch. Wer das vermag, hat die ganze Welt auf seiner Seite. Wer nicht, geht einen einsamen Weg.›» Diese Erkenntnis Overstreets gilt auch heute noch.

Der Präsident eines erfolgreichen Herstellers von Sicherheitsanlagen an der amerikanischen Westküste versteht es hervorragend, anderen dieses «Wunschdenken» einzuimpfen. Er behandelt seine Beschäftigten mit Würde. Er vermittelt unternehmerische Wertvorstellungen, an die sie glauben können. Er räumt seinen Beschäftigten die Selbständigkeit ein zu entscheiden, wie die Arbeit erledigt wird. Die Ergebnisse sind außergewöhnlich.

«Wir haben einen Mitarbeiter namens Bill Reese, der in der Verkaufsabteilung arbeitet», sagt der Präsident. «An einem Freitagmorgen erhielt Bill einen Anruf von einem Kunden in Seattle, der außer sich war. Er hatte geglaubt, bei uns schon vor Monaten eine spezielle Sicherheitsanlage für die Installation bei einem seiner wichtigen Kunden bestellt zu haben.

Kurz vor Beendigung der Installation bemerkte unser Kunde, daß das Gerät von uns fehlte. Er stellte fest, daß er es überhaupt nicht bestellt hatte. Seine Installation sollte am nächsten Tag, einem Samstag, abgeschlossen werden. Andernfalls würde eine hohe Konventionalstrafe fällig werden. Er wußte nicht, was er machen sollte. Wir waren der einzige Hersteller dieses Geräts. Er rief an und sprach gleich morgens mit Bill. Doch auf Lager hatten wir nichts. Bill versprach, alles zu tun, was ihm möglich sei.

Er begab sich in die Fabrikationshalle und ging das Produktionssystem durch; er ließ den Auftrag ganz von vorn durchlaufen und spannte sämtliche Leute ein. Aber dann fehlten bei der Montage die Kameras. Er rief unseren Zulieferer in Los Angeles an und ließ fünfzehn dieser Kameras direkt von Los Angeles kommen. Ein paar Stunden später traf die Sendung ein, und er holte sie am Flughafen ab. Bill brachte die Kameras zur Montage, wo sie in die Gehäuse eingebaut wurden, die etwa eine Viertelstunde, bevor wir sie am Flughafen haben mußten, vom Band kamen.

Bill hatte in einer Maschine der United Airlines nach San Francisco Frachtraum reserviert, damit die Ware direkt an unseren Kunden in Seattle geliefert werden konnte. Bill brachte die Gehäuse mit ein paar weiteren Leuten zum Flughafen. Aber dort hatte es einen Schichtwechsel gegeben, und der Angestellte von United, mit dem Bill gesprochen hatte, war nicht mehr da. Der neue Mann wußte von nichts. Zwischen ihm und Bill kam es zu einem handfesten Krach. Dabei blickte der Mann zufällig über die Schulter und sagte: ‹Es ist sowieso egal, denn es ist zu spät. Die Maschine ist bereits startklar.›

Nachdem Bill so weit gekommen war, wollte er nicht aufgeben. Er rannte durch die Frachthalle der United Airlines auf das Rollfeld. Die Maschine rollte inzwischen zur Startbahn. Bill holte die Maschine ein. Baute sich vor ihr auf. Machte den Piloten auf sich aufmerksam. Es war eine Boeing 737. Brachte die Maschine zum Stehen. Der Pilot hätte ihn beinahe – Sie können sich denken, was er beinahe gemacht hätte. Die Maschine rollte zum Gate zurück. Und Bill schaffte es nach allem tatsächlich, die Ware ins Flugzeug zu bekommen. So erhielt unser Kunde die

Ware noch am Abend in Seattle und konnte die Installation am nächsten Tag abschließen.»

Was diesen Vorfall noch eindrucksvoller macht, war, daß «die Firmenleitung während der ganzen Zeit keinerlei Einfluß genommen hatte. Sie wußte nicht einmal, was da vor sich ging, bis alles vorbei war. Man kann niemanden dazu bringen, so etwas zu machen. Man muß ihn dazu bringen, es zu wollen.»

Und *wollen* werden die Leute so etwas nur, wenn sie das Gefühl haben, ein wichtiger Teil des Ganzen zu sein. Deshalb müssen Angestellte geachtet und in eine Unternehmensvision einbezogen werden, die sie sich zu eigen machen können. Deshalb brauchen die Menschen ein Interesse an ihrem Arbeitsleben. Deshalb müssen ihre Erfolge belohnt, gelobt und gefeiert werden. Deshalb muß man mit ihren Fehlern behutsam umgehen. «Dann werden Sie sehen, wie die Erfolge sich einstellen.»

Diese Ideen sind nichts Neues. Dwight D. Eisenhower wurde einmal gefragt, wie er es schaffe, den zerstrittenen Kongreß zu zügeln. Führte der ehemalige General militärische Disziplin an oder die Macht seines Amtes als Präsident der Vereinigten Staaten? Nichts von alldem. Er sprach von Überzeugen. «Lieber überzeuge ich einen Menschen mitzumachen, denn wenn er einmal überzeugt ist, bleibt er dabei. Wenn ich ihm Angst einjage, bleibt er nur, solange er Angst hat, und dann ist er weg.»

Die Macht der Überzeugung war nie so wichtig wie heute. Interessieren Sie die Mitarbeiter für das, was sie tun.

Machen Sie es zu ihrer Sache. Sie werden arbeiten und arbeiten – und dann noch einen Gang hochschalten.

Sobald man dieses Grundprinzip erkannt und verstanden hat, ist es ganz einfach, sich alle möglichen Motivationsanreize auszudenken. Ihnen allen liegen jedoch drei wichtige Prinzipien menschlichen Verhaltens zugrunde.

1. Die Beschäftigten müssen in alle Schritte des Verfahrens einbezogen werden, vom Anfang bis zum Ende. Teamarbeit ist das Schlüsselwort, nicht Hierarchie.
2. Die Menschen müssen als Individuen behandelt werden. Erkennen Sie stets ihre Bedeutung an, und achten Sie sie. Es sind in erster Linie Menschen, dann erst Angestellte.
3. Herausragende Arbeit muß gefördert, anerkannt und belohnt werden. Jeder Mensch spricht auf Erwartungen an. Wenn Sie die Leute als kompetente und kluge Menschen behandeln – und sich zurückhalten –, werden sie gute Arbeit leisten.

Die Menschen einbeziehen. Im herkömmlichen Großunternehmen kamen sich die Menschen häufig isoliert vor. Jeder war nur eine Nummer, einer unter Tausenden, ein menschliches Rädchen in einem riesigen Wirtschaftsgetriebe. Es gibt Hunderte von Geschichten, die schon so oft erzählt worden sind, daß sie Legenden wurden, Geschichten von verärgerten Beschäftigten, die öfter krank oder in der Pause waren als an ihrem Arbeitsplatz. Wenn die Mitarbeiter eines Unternehmens so eingestellt sind, wird das betreffende Unternehmen schlecht geführt. Seine Ziele sind nicht die ihren geworden. Keine Firma kann sich in einer solchen Lage behaupten.

Erfolgreiche Führungskräfte beziehen die Beschäftigten in alle Aspekte des Arbeitsprozesses ein: Planung, Herstellung, Lagerung, Absatz. Führungskräfte bilden Mannschaften. Sie geben keine Anweisungen von oben. Sie wissen, daß die Beschäftigten, die die Arbeit erledigen, auch selbst entscheiden können. Mitarbeiter, die in die Entscheidungsfindung einbezogen werden, reagieren besser als die, bei denen das nicht der Fall ist.

American Airlines, das allgemein als die bestgeführte Fluggesellschaft in dieser turbulenten Branche gilt, hat eine Art Konsensmanagement eingeführt. Ihr Vorstandsvorsitzender erklärt: «Der Gedanke, daß Unternehmen dieser Größe allein nach dem Gutdünken einer einzigen Person geleitet werden, ist aberwitzig. Vielleicht gibt es Firmen, bei denen das so ist, aber ich kann mir das nicht vorstellen. In den meisten Fällen werden Unternehmen wie dieses auf der Grundlage übereinstimmender Beurteilung geführt. Der Chef hat natürlich letztlich immer die Entscheidung zu treffen und muß dafür geradestehen. Doch meine Aufgabe ist vielmehr, Möglichkeiten zu erkunden, eine Gruppe zusammenzubringen und den Konsens unter den Mitgliedern dieser Gruppe zu suchen, nicht, Lösungen vorzuschreiben.»

Der Chef von *Cash* führt sein Unternehmen ebenfalls

nach dieser Konsensmaxime – indem er seine fünfundsechzig Redakteure ständig auffordert, Vorschläge zu machen. «Man merkt, daß keiner von uns ein Börsenguru ist», sagt er. «Es sind alles ganz normale Leute.» Wie kommt es dann, daß diese «ganz normalen Leute» so Außergewöhnliches leisten? «Ich habe jeden um zwei Anregungen gebeten, um unsere Sitzungen interessanter zu machen», erklärt er. «Heute haben wir Tausende von Ideen zu praktisch allen nur denkbaren Themen. Alle Mitarbeiter werden durch Anregungen mobilisiert, eine Spielart des japanischen Kaizen-Systems für ständige Verbesserungen.»

Steven Jobs und Steven Wozniak gingen ähnlich nichthierarchisch vor, als sie das Führungsteam von Apple Computer zusammenstellten. Wer der Boß war, war nicht so wichtig. Peter O. Crisp, geschäftsführender Gesellschafter der Kapitalbeteiligungsgesellschaft, die Apple in der Anfangsphase unterstützte, lächelt heute noch über den unorthodoxen Stil der Firmengründer. «Sie sagten sich: ‹Wir haben dieses Gerät, das einige elektronische Teile enthält, von denen wir hoffentlich eine hohe Stückzahl brauchen. Wir müssen sie kostengünstig herstellen, und sie müssen zuverlässig sein. Welches Unternehmen im Land ist der beste Hersteller technischer Erzeugnisse, auf die das zutrifft?›»

Sie kamen auf Hewlett-Packard. «Sie versuchten, an den stellvertretenden Produktionsleiter von Hewlett-

Packard heranzukommen», berichtet Crisp. «Falls das fehlschlug, wollten sie es bei dessen Assistenten versuchen oder in Erfahrung bringen, welches der Hewlett-Packard-Werke am besten geführt wurde. Dann stellten sie fest, wer dort der Produktionsleiter war. Sie traten an ihn heran und versuchten, ihn abzuwerben. Sie boten diesen Leuten großzügige Vergütungen. Auf diese Weise holten sie sich erfahrene Leute.»

Crisp erinnert sich: «So kamen sie an einen Marketingmann, einen Produktionsleiter und einen Personalchef. Beim Start ist der Firmengründer gelegentlich der erste Wissenschaftler. Unter Umständen ist er abgeneigt, einen Betriebsleiter einzustellen, weil er weder Firmenanteile noch Verantwortung abgeben will und niemanden in der Firma haben möchte, der ihm das Wasser reichen könnte. Unternehmer können sehr besitzgierig sein. In diesem Fall war es genau umgekehrt. Es ging nach dem Motto: ‹Legen wir los.›» Und das taten sie, indem sie ihre Leute für das Unternehmen einnahmen.

Um Ergebnisse wie Apple zu erzielen, muß man Regel Nummer zwei beherzigen. Interessieren Sie sich für Ihre Leute, und lassen Sie sie es merken. *Behandeln Sie die Menschen als Menschen.* Das ist der zweite Grundpfeiler der Motivation.

«Seien Sie nett zu Ihren Leuten, und behandeln Sie sie mit Achtung», sagt ein anderer Unternehmer. «Investieren Sie freizügig in Ihre Beschäftigten, und erwarten Sie nicht, daß das automatisch neue Gewinne bringt. Nutzen

Sie vielmehr diese Personalverstärkung, um in den neuen Leuten höchste Erwartungen zu wecken, die sich in außergewöhnlichen Leistungen für die Kunden und damit auch in zusätzlichen Gewinnen niederschlagen.

Lernen Sie Ihre Mitarbeiter kennen. Mitarbeiter sollten wie die Familie behandelt werden. Man kann nicht erwarten, daß andere etwas tun, wozu man selbst nicht bereit ist. Man muß sich aufrichtig um sie kümmern. Dann wird man das gleiche Maß an Achtung zurückbekommen.

Mein ehemaliger Chef hatte in seinem Büro eine Kartei, die alle Mitarbeiter der Firma enthielt. Er kannte jeden Beschäftigten mit Namen und auch seine Familie; er war auf dem laufenden. Er ging durch die Fabrik und sagte: ‹Hallo, Joe›, ‹Hallo, Sam›, ‹Hallo, May.› Er zeigte ihnen, daß er für sie da war.» Das klingt vielleicht altmodisch, doch es ist heute noch wichtiger als früher.

Der dritte Grundgedanke der Motivation ist genauso wichtig wie die beiden anderen: *Erkennen Sie eine gute Arbeit an.* Seien Sie nicht wie die verschlossenen, ewig nörgelnden Eltern, unter denen viele von uns groß geworden sind. Das waren jene Eltern, die ihren Kindern zu einer Eins im Zeugnis nicht gratulierten. Sie erwarteten das einfach. Wissen Sie noch, wie frustrierend das war? Und so ist es immer noch. In jedem von uns steckt immer noch ein Kind, das gelobt werden möchte. Vergessen Sie also nicht: Die Leute möchten hören, wenn sie eine Arbeit gut gemacht haben. Loben Sie bereitwillig und oft.

Lassen Sie die Menschen wissen, daß Sie sie achten, daß Sie ihre Arbeit schätzen, daß sie wichtig für Sie sind und daß Ihnen daran liegt, daß sie lernen, sich zu entfalten und ihre Möglichkeiten auszuschöpfen.

Das nennt man Motivieren.

Motivation läßt sich nicht erzwingen.
Die Leute müssen gute Arbeit leisten wollen.

4 Echtes Interesse am anderen zeigen

Warum dieses Buch lesen? Warum nicht die Methoden des größten Menschenfreundes studieren, den es je gegeben hat? Wer das ist? Sie können ihm schon morgen früh auf der Straße begegnen. Wenn Sie ihm bis auf drei Meter nahe kommen, fängt er an, mit dem Schwanz zu wedeln. Wenn Sie stehenbleiben und ihn streicheln, gerät er fast aus dem Häuschen vor lauter Freude, Sie zu sehen. Und Sie wissen, daß bei dieser Bekundung von Zuneigung keine Hintergedanken im Spiel sind. Er will Ihnen keine Immobilie verkaufen, und er will Sie auch nicht heiraten.

Haben Sie jemals darüber nachgedacht, daß der Hund das einzige Haustier ist, das für seinen Lebensunterhalt nicht arbeiten muß? Ein Huhn muß Eier legen. Eine Kuh muß Milch geben, und ein Kanarienvogel muß singen. Ein Hund dagegen gibt als Gegenleistung für sein Leben nichts weiter als Liebe.

Sie können in zwei Monaten mehr Freundschaften schließen, wenn Sie sich aufrichtig für andere Menschen interessieren, als in zwei Jahren, in denen Sie versuchen, andere für sich zu interessieren. Lassen Sie mich das wiederholen: Sie können in zwei Monaten mehr Freundschaften schließen, wenn Sie sich aufrichtig für andere Menschen interessieren, als in zwei Jahren, in denen Sie versuchen, andere für sich zu interessieren.

> *Aber ich kenne Leute, und Sie auch, die durchs Leben stolpern und versuchen, andere dazu zu bringen, sich für sie zu interessieren. Natürlich klappt das nicht. Andere interessieren sich nicht für Sie. Sie interessieren sich auch nicht für mich. Sie interessieren sich für sich selbst – morgens, mittags und abends.*
>
> Dale Carnegie

Lynn Povich, heute Herausgeberin der Zeitschrift *Working Woman*, war zuvor fünfundzwanzig Jahre bei *Newsweek*. Sie fing als Sekretärin an, stieg zur Rechercheurin auf und war schließlich die erste Frau, die bei *Newsweek* Chefredakteurin wurde. Das brachte sie in eine Position, in der sie die Vorgesetzte von Journalisten und Redakteuren wurde, denen sie einmal zugearbeitet hatte.

Die meisten ihrer Kollegen nahmen die Beförderung wohlwollend zur Kenntnis, bis auf einen der sechs Bereichsredakteure, der ihr jetzt unterstand. Povich erinnert sich: «Er war von Anfang an dagegen – nicht, weil er mich nicht mochte, sondern weil er meinte, ich hätte den Posten nur bekommen, weil ich eine Frau bin. Er hielt mich außerdem für nicht hinreichend qualifiziert. Er hat mir nie etwas gesagt, aber ich hörte von anderen, daß er so dachte.»

Povich ließ sich deshalb keine grauen Haare wachsen, sondern stürzte sich Hals über Kopf in die neue Arbeit. Sie entwickelte Ideen für neue Artikelserien. Sie sprach mit den Journalisten. Sie zeigte echtes Interesse für alle Bereiche, für die sie verantwortlich war – Medizin, Medien, Fernsehen, Religion, Lifestyle und Projekte.

Ungefähr sechs Monate nach ihrer Ernennung kam der heimliche Kritiker zu Lynn Povich ins Büro und nahm ihr gegenüber am Schreibtisch Platz. «Ich muß Ihnen etwas beichten», begann er. «Ich war absolut gegen Ihre Ernennung. Ich hielt Sie für zu jung. Ich hielt Sie für nicht erfahren genug. Ich war der Meinung, Sie hätten diese Stelle nur bekommen, weil Sie eine Frau sind.

Doch ich muß sagen, daß ich wirklich angetan bin von dem Interesse, das Sie für die Arbeit, für die Journalisten und die Redakteure zeigen. Ich habe vier Ihrer Vorgänger erlebt. Mir ist klar, daß sie alle diesen Stuhl nur als Sprungbrett für den nächsten Posten angesehen haben. Keiner von ihnen war wirklich ganz bei der Sache. Sie dagegen sind wirklich interessiert, und Sie zeigen dieses Interesse auch jedem.»

Es überrascht nicht, daß Povich diesen im Laufe der Jahre entwickelten Führungsstil auch in ihrer neuen Position bei *Working Woman* pflegt. «Man muß die Menschen ernst nehmen», erklärt sie. «Man darf vor allem nicht abseits stehen. Man muß regelmäßig in Verbindung mit ihnen sein. Ich laufe viel herum und rede mit den Leuten. Ich interessiere mich für das, was sie machen, ich interessiere mich für ihre Arbeit, und ich interessiere mich für sie als Menschen.»

Echtes Interesse an anderen zeigen – es gibt keinen besseren Weg, andere auch für uns selbst zu interessieren. Der Mensch reagiert auf Menschen, die echtes Interesse an ihm zeigen. Das ist eine grundlegende psychologische Erkenntnis. Die Beachtung durch andere Menschen schmeichelt uns. Sie gibt uns das Gefühl, etwas Besonderes zu sein, das Gefühl, wichtig zu sein. Wir möchten mit Menschen zusammensein, die sich für uns interessieren. Wir möchten sie an uns binden. Wir neigen dazu, ihr Interesse zu erwidern, und zeigen unsererseits Interesse an ihnen.

Monsignore Tom Hartman ist bei den jungen Katholiken auf Long Island eine Art Legende geworden. Er hat mehr als dreitausendachthundert Trauungen vorgenommen und über zehntausend Kinder getauft. Warum wünschten sich so viele Menschen gerade diesen Priester? Hartman gelingt es, Interesse an den Menschen zu zeigen. Er geht die Vorbereitung einer Hochzeit überlegt, individuell, persönlich an. Er möchte soviel wie möglich über die Menschen wissen, die zu ihm kommen. Er bittet sie zu sich ins Pfarrhaus. Er besucht sie zu Hause. Über einen Zeitraum von mehreren Monaten führt er Gespräche mit ihnen. Auf diese Weise kann er eine Trauung vorbereiten, die ihren persönlichen Interessen und Bedürfnissen entspricht.

«Ja, ich traue Sie», sagt er diesen Paaren, «aber ich möchte nicht, daß es nur eine Zeremonie ist. Ich möchte, daß dies die bestmögliche Hochzeit für Sie wird. Ich möchte Sie kennenlernen. Ich möchte mit Ihnen über das sprechen, was Ihnen an Ihrer Beziehung besonders scheint, was Sie am anderen lieben. Ich möchte von den Kämpfen erfahren, die Sie zu bestehen hatten, und wie

Sie sie bestanden haben. Und das alles werde ich bei Ihrer Hochzeit vermitteln.»

Eine Trauung bei Hartman ist nicht der schnellste und einfachste Weg zum Altar. Doch das persönliche Interesse von Hartman bringt diesen Paaren sehr viel mehr. Dank seiner Anteilnahme lernen sie neue Seiten am Partner kennen. «Wenn die Menschen merken, daß ich so großes Interesse an einem wichtigen Augenblick ihres Lebens habe, hören sie auch bei anderen Dingen zu», erklärte er.

Es gibt viele Möglichkeiten, Interesse zu zeigen, und die meisten sind sehr viel einfacher als der Besuch von Kursen über schmerzfreie Geburt. Interesse zu zeigen kann so einfach sein wie am Telefon mit freundlicher Stimme zu reden. Wenn jemand anruft, begrüßen Sie ihn in einem Tonfall, der signalisiert: «Ich freue mich, von dir zu hören.» Wenn Sie auf der Straße ein bekanntes Gesicht sehen, begrüßen Sie den Betreffenden, und bringen Sie Freude über das Wiedersehen zum Ausdruck.

Lächeln Sie den Menschen zu. Merken Sie sich ihren Namen und wie man ihn ausspricht. Achten Sie auf richtige Schreibweise und Titel. Merken Sie sich die Geburtstage. Erkundigen Sie sich nach dem Ehemann, der Ehefrau, den Kindern.

Beschränken Sie dieses Bekunden von Interesse nicht auf die sogenannt wichtigen Personen in Ihrem Leben. Sie erfahren wahrscheinlich ohnehin schon genug Beachtung. Vergessen Sie die Sekretärinnen nicht, die Assistenten, die Telefonistinnen, die Boten und die vielen kaum beachteten Leute, die Ihnen den Kleinkram vom Leib halten. Fragen Sie, wie es *ihnen* geht. Das ist der richtige Weg – und Sie werden staunen, um wie viel schneller die Post morgens auf Ihrem Schreibtisch liegt.

Menschen reagieren unverzüglich auf echte Anteilnahme. Seien Sie also aufrichtig. Aufrichtiges, von Herzen kommendes Interesse muß Schritt für Schritt aufgebaut werden.

Ein sehr guter Weg, ein Gespräch zu eröffnen – auch ein Geschäftsgespräch –, besteht darin, ein Thema anzusprechen, das in irgendeiner Weise Bezug zum Gesprächspartner hat. Das kann eine Zeichnung an der Bürowand sein, ein Schreibstiftbehälter, den ein Kind angefertigt hat, ein Squashschläger, der in der Zimmerecke steht. Sagen Sie etwas, das Interesse, Bewunderung oder Anteilnahme erkennen läßt. Oder fragen Sie etwas in dieser Richtung. «Das ist ein schönes Bild. Von wem ist das?» Oder: «Was für ein sinnvolles Geschenk. Hat das eins Ihrer Kinder gemacht?» Oder: «Squash? Ist das nicht schwer zu lernen?» An all diesen Fragen ist nichts Besonderes. Doch jede drückt ein grundlegendes, persönliches Interesse am anderen aus und baut auf positive, taktvolle Weise eine Brücke.

Solche Interessensbekundungen sind fundamentale Bausteine für ein erfolgreiches menschliches Miteinander. Sie sind die Kleinigkeiten, die signalisieren: «Du bist mir wichtig. Ich bin interessiert. Ich mache mir was aus dir.» Es gibt kaum einen Menschen, der das nicht gerne hört.

Bei Steven und Robin Weiser lief alles bestens. Steven hatte eine erfolgreiche Versicherungsagentur. Sie besaßen ein schönes Häuschen am Stadtrand. Er war ein stets großherziger Philanthrop. Die älteste Tochter des Ehepaars studierte im ersten Semester in Yale, die etwas jüngeren Zwillinge gingen noch auf die High-School, wo sie zu den Besten gehörten.

An einem Samstagabend, als Steven und Robin in einem Restaurant saßen, erlitt er einen schweren Herzanfall und starb. Er war erst fünfundvierzig Jahre alt.

Zur Beerdigung kamen Hunderte von Menschen – Freunde, Geschäftskollegen, offizielle Vertreter der vielen Wohltätigkeitsvereine, denen er angehört hatte. Viele von ihnen machten Kondolenzbesuche im Haus der Weisers.

Fast ebenso unfaßbar wie Stevens zu früher Tod war etwas, das seine Frau an jenem Abend sagte: «Es ist ein Jammer, daß Steven nicht wußte, wie vielen Menschen er ans Herz gewachsen war, wie viele Menschen ihn liebten.»

Steven Weiser? Bei diesen vielen Freunden und Kollegen? Nach all seiner Wohltätigkeitsarbeit? Offenbar hatte kaum jemand von diesen Menschen ihm jemals gesagt, was er empfand.

Machen Sie nicht den gleichen Fehler. Wenn Ihnen jemand etwas bedeutet – ein Freund, der Ehepartner, eine Kollegin –, zeigen Sie es dem Betreffenden. Und tun Sie es, solange Sie Gelegenheit dazu haben.

Gott sei Dank ist diese Verhaltensweise leicht zu erlernen und kommt sehr gut an. Alles, was man dazu braucht, ist die Erkenntnis, wie wichtig sie ist, und etwas Übung. Probieren Sie es gleich beim nächsten Gegenüber aus, und es wird Ihnen bald zur zweiten Natur. Noch bevor es Ihnen klar wird, drücken Sie Interesse aus, zeigen Sie Interesse und interessieren sich tatsächlich auch mehr für die Menschen in Ihrer Umgebung. Das hat den weiteren Vorteil, daß aufrichtiges Interesse an anderen Sie selbst aus der Reserve holt und weniger auf eventuelle Probleme starren läßt, die Sie haben.

Je mehr Sie sich mit anderen Menschen beschäftigen, desto erfüllter werden Ihre persönlichen Beziehungen und desto positiver wird sich Ihr Denken entwickeln. Kein schlechter Tausch für ein paar freundliche Worte.

Sich für andere zu interessieren ist besonders dann wichtig, wenn man neu irgendwohin kommt. Es ist so, als hätte Bill Clinton das schon am ersten Tag im Kindergarten gewußt. Er war, wie seine Kindergärtnerin sich erinnert, von einer unbefangenen Freundlichkeit und entwaffnend in seinem Interesse an den anderen Kindern.

«Hallo», sagte er reihum, «ich bin Bill. Wie heißt du?» Ein alter Hut? Vielleicht. Aber später war keiner seiner Klassenkameraden in Hope, im Bundesstaat Arkansas, überrascht, als Bill Präsident der Vereinigten Staaten wurde.

Ebenso wichtig ist ein offener, freundlicher, interessierter Gruß, wenn man die Neue im Büro oder der neue Ladeninhaber in der Stadt ist. Ihre Botschaft sollte nicht lauten: «Da bin ich, was könnt ihr für mich tun?», sondern: «Da bin ich, was kann ich für euch tun?»

«Wenn Sie wollen, daß andere Sie mögen», schrieb Dale Carnegie, «wenn Sie echte Freundschaften schließen möchten, wenn Sie anderen und gleichzeitig auch sich selbst helfen wollen, dann beherzigen Sie diesen Grundsatz: Interessieren Sie sich aufrichtig für andere Menschen.»

In dieser Hinsicht besteht kein Zweifel, daß Carnegie selbst auch tat, was er von anderen verlangte, auch zu Hause im Kreis seiner Familie. Oliver Crom, der jetzige Präsident der Dale-Carnegie-Gesellschaft, merkte das gleich bei der ersten Begegnung mit seinen zukünftigen Schwiegereltern.

«Es wäre untertrieben, wenn ich behaupten wollte, ich sei aufgeregt gewesen, als ich Dale Carnegie kennenlernte», erinnert sich Crom. «Aber Sekunden nach unserer ersten Begegnung hatte er es geschafft, daß ich mich entspannte, sprach mit mir über mich, und zwar, indem er mir Fragen stellte.» Carnegie zeigte einfach Interesse an dem jungen Mann, den seine Tochter Rosemary heimgebracht hatte.

«Ich fing an mit ‹Ich freue mich, Mr. Carnegie, Sie kennenzulernen›. Und er erwiderte: ‹Oh, bitte, nennen Sie mich Dale. Mr. Carnegie klingt so förmlich.› Und dann sagte er: ‹Wie ich höre, stammen Sie aus Alliance in Nebraska.› Ich antwortete: ‹Ja, das stimmt.› Er fuhr fort: ‹Sagen Sie, wohnen in Alliance immer noch so wunderbare Menschen wie zu der Zeit, als ich in der Gegend gearbeitet habe?› Und ich sagte: ‹O ja.› Er bat mich: ‹Erzählen Sie mir etwas von den Leuten dort, und erzählen Sie mir etwas von sich.›»

Von da an verlief alles ziemlich reibungslos. «Wir spazierten gemeinsam durch den Park. Wir arbeiteten zusammen in seinem Rosengarten. Wir gingen zusammen ins Theater. Wir sahen uns *Das verflixte siebente Jahr* an, das damals am Broadway lief. Von dem Stück weiß ich nicht mehr viel, aber ich erinnere mich, daß er jeden in dem kleinen Park kannte, als wir einen Spaziergang durch die Forest Hills Gardens machten. Er kannte den Polizisten. Er kannte alle Leute, die ihre Hunde dort ausführten, mit Namen. Jeder blieb stehen und begrüßte ihn. Mir war damals nicht bewußt, daß dies ganz außergewöhnlich war. Da ich aus dem Mittelwesten kam, dachte ich, die Leute seien hier so.»

Stephen Ghysels, heute einer der Vizedirektoren der Bank of America, lernte auf schmerzlichen Umwegen, wie wichtig es ist, aufrichtiges Interesse an anderen zu zeigen.

Ghysels war ein Senkrechtstarter. Ende der achtziger Jahre war er, frisch von der Universität, leitender Angestellter in einer großen Investmentgesellschaft. Er hatte eine schicke Eigentumswohnung in einer guten Gegend von Los Angeles und einen Mercedes vor der Tür – und das alles mit fünfundzwanzig. «Ich hielt mich für den großen Max und zeigte das auch. Ich war richtig eingebildet.

Aber als in den neunziger Jahren dann der Umschwung kam», erzählt Ghysels, «rief mein Chef mich zu sich und sagte: ‹Steve, es liegt nicht an Ihrer Leistung. Es ist Ihr Auftreten. Die Leute im Büro arbeiten nicht gern mit Ihnen zusammen. Ich fürchte, wir müssen uns trennen.›
Ich war wie vor den Kopf gestoßen. Ich, der große Steve, war gefeuert. Ich war sicher, bald eine neue, gutdotierte Führungsposition zu bekommen. Aber nichts da. Nach mehreren ernüchternden Monaten der Stellensuche verließ mich zum ersten Mal in meinem Leben mein Selbstvertrauen, und ich wurde von regelrechter Panik gepackt. Da ich bisher jeden vor den Kopf gestoßen hatte, konnte ich mich an niemanden wenden, hatte niemanden, mit dem ich hätte reden können. Ich war allein.»

Erst da lernte Ghysels, sich für andere Menschen zu interessieren. Er fing an zuzuhören. Er sah nicht mehr nur sich selbst. Er lernte, die eigene mißliche Lage einzuordnen, und kam mit Leuten zusammen, denen es weit schlechter ging als ihm. Er öffnete sich und wurde mitfühlender und liebenswürdiger.

«Ich fing an, die Menschen mit anderen Augen zu betrachten», erinnert er sich. «Mein Verhalten änderte sich. Ich empfand anders. Meine Angst verlor sich. Ich wurde offener. Und die Menschen merkten das. Mein Leben bekam eine andere Qualität, obwohl ich die Eigentumswohnung und den Mercedes verkaufen mußte.

Heute, nach drei Jahren, habe ich wieder eine Stellung als leitender Angestellter – nur daß ich jetzt Mitarbeiter um mich habe, die ich wirklich meine Freunde nennen kann.»

> Es gibt nichts Wirksameres und Lohnenderes,
> als echtes Interesse an anderen Menschen zu zeigen.

5 Die Dinge aus der Sicht des anderen sehen

Im letzten Jahr suchte ich eine Sekretärin und gab unter Chiffre eine Anzeige in der Zeitung auf. Ich habe wohl an die dreihundert Bewerbungen bekommen. Fast alle fingen etwa so an: «Ich schreibe auf Ihre Anzeige in der Sunday Times *Chiffre soundso und möchte mich für die Stelle bewerben, die Sie ausgeschrieben haben. Ich bin sechsundzwanzig...»*

Eine Frau aber war klug: Sie schrieb nicht über das, was sie wollte, sondern über das, was ich wollte. Ihr Brief lautete: «Sehr geehrter Herr, Sie werden auf Ihre Anzeige wahrscheinlich zwei- oder dreihundert Bewerbungen erhalten. Sie sind ein vielbeschäftigter Mann. Sie haben nicht die Zeit, alle Briefe zu lesen. Wenn Sie daher jetzt zum Telefon greifen und die Nummer soundso wählen, komme ich gerne zu Ihnen, öffne die Briefe, werfe die, die nicht in Frage kommen, in den Papierkorb und lege Ihnen die anderen vor, damit Sie entscheiden können. Ich habe fünfzehn Jahre Berufserfahrung...»

Sie schrieb weiter, für welche bedeutenden Leute sie schon gearbeitet hatte. Ich griff sofort zum Telefon und bat sie, zu mir zu kommen, aber ich kam zu spät. Ein anderer hatte sie mir weggeschnappt. Einer solchen Frau liegt die Geschäftswelt zu Füßen.

Dale Carnegie

Lange bevor Burt Manning Chef einer erfolgreichen Werbeagentur wurde, wollte er schreiben. Keine Werbetexte, sondern richtige Bücher. Und so saß der junge Manning Tag für Tag an der Schreibmaschine und rang sich Kurzgeschichten und Romane ab und Theaterstücke, die er für absolut umwerfend hielt. Aber wie die meisten jungen Schriftsteller konnte Manning von dem, was er schrieb, auch nicht annähernd leben. Er brauchte einen Job, um seine Rechnungen bezahlen zu können.

Klinken putzen war das beste, was ihm einfiel.

Er verkaufte Lexika. Er verkaufte hochmoderne Küchengeräte. Er ging sogar in den Arbeitervierteln seiner Heimatstadt Chicago von Tür zu Tür und verkaufte Grabstellen.

Letzteres erwies sich als das lohnendste – aber nicht von Anfang an. Es lag nicht an mangelndem Einsatz. Jeden Abend, nach einem ganzen Tag an der Schreibmaschine, zog Manning Anzug und Krawatte an, packte seine Vertretermappe und pries den Leuten, die ihm die Tür aufmachten, voller Begeisterung Grabstellen an: daß Grabstellen eine tolle Geldanlage seien, daß Grabstellen in Chicago wegen des raschen Bevölkerungswachstums sicher bald knapp würden, daß die fünfjährige Rückkaufgarantie seiner Firma das Geschäft absolut risikofrei mache.

«Ich wurde keine einzige Grabstelle los. Ich bin nicht von der Seite der Kunden an die Sache herangegangen. Statt mich auf ihre Belange zu konzentrieren, habe ich immer die finanziellen Aspekte in den Vordergrund gestellt. Aber bei dem Produkt, das ich verkaufte, war etwas von weit größerer Bedeutung, an das ich gar nicht gedacht hatte.»

Manning hatte versäumt, sich die grundlegendsten Fragen zu stellen. «Ich mußte mich fragen: Was ist für diese Leute wirklich von Bedeutung? Was unterscheidet sie nach ihrer Meinung von anderen Menschen? Was kann ich dafür tun, daß sie mit sich zufrieden sind und mit dem, was sie für ihre Familie tun?»

Waren diese Fragen einmal gestellt, waren sie auch leicht zu beantworten.

«Mein Gebiet war eine Gegend mit sehr großem ethnischem Zusammenhalt», erinnert Manning sich. «Der Familienverband war äußerst wichtig. Die Menschen hatten enge Bande zu ihrer Familie – zu Vettern, Großeltern, Onkeln und Tanten. Sie blieben beieinander. Sie wollten nicht weg aus ihrem Viertel.»

Auch nach dem Tod nicht, wie Manning meinte. Statt ihnen also etwas über Geldanlage und Finanzierung zu erzählen, war es nach Mannings Ansicht besser, die Familie und ihr Viertel in den Vordergrund zu stellen. Diese Grabstelle, sagt er rückblickend, «gab ihnen die Gelegenheit, die ganze Familie auf einem Friedhof vereint zu haben, den sie ohne Mühe besuchen konnten, statt dreihundert Kilometer fahren zu müssen, um das Grab des Großvaters oder der Großmutter zu sehen. Das war für diese Leute etwas sehr Wichtiges.

Nachdem ich begriffen hatte, was ihnen wirklich am

Herzen lag, was sie wollten, und ihnen zeigte, wie leicht sie es haben konnten», erinnert Manning sich, «lief es ganz gut.»

Manning hatte Glück, diese Lektion so früh im Leben zu lernen: *Betrachte die Dinge aus der Sicht der anderen.* Das ist eine ganz wichtige Einzelerkenntnis für das Vorankommen in der Welt.

Die anderen waren für Manning die Chicagoer Hausfrau und ihr Mann. Die anderen können aber genausogut der Chef, die Kollegin, der Angestellte, die Kundin, der Ehepartner, der Freund oder das Kind sein. Es kann buchstäblich jeder Mensch sein. Der Grundgedanke – immer zu versuchen, die Dinge aus der Sicht des anderen zu sehen – gilt in jedem Fall.

«Von den Führungspersönlichkeiten der Zukunft wird viel mehr verlangt werden», prophezeit der Präsident eines internationalen Unternehmens. «Mir ist es egal, ob Sie der Hausmeister oder eine Telefonistin sind. Sie müssen lernen, mit den Menschen auszukommen. Wenn Sie meinen, eine gehobene Stellung gibt Ihnen das Recht, jemanden von oben herab zu behandeln, irren Sie sich. Sie müssen schleunigst anfangen, im Sinne der Interessen anderer zu denken.»

Sobald dieser Prozeß in einem Unternehmen einmal anläuft, kommt eine völlig neue Kommunikation zustande. «Wenn Sie lernen, im Sinne der Interessen Ihres Chefs zu denken, starten Sie auf der gleichen Grundlage. Sie beginnen einen offenen Dialog. Denken Sie nicht nur an sich. Denken Sie nicht nur an die eigenen Bedürfnisse. Denken Sie daran, was Peter hier braucht oder Susanne dort. Und denken Sie darüber nach, welche Fragen Sie ihnen stellen würden, um von diesen Bedürfnissen zu erfahren und sie zu verstehen.»

Die Ergebnisse können sich auch auf Ihre persönlichen Beziehungen auswirken. «Vor kurzem übernachtete mein vierjähriger Enkel Jordan bei uns», erzählt ein erfolgreicher Geschäftsmann. «Als Jordan am Freitag morgen aufwachte, liefen im Fernsehen gerade die Nachrichten, aber ich las die Zeitung. Jordan sah, daß ich gar nicht zuhörte, und er hätte gern einen Zeichentrickfilm gesehen.

Jordan fragte mich: ‹Opa, möchtest du, daß ich den Fernseher ausschalte, damit du die Zeitung lesen kannst?› Ich merkte, daß er einen Zeichentrickfilm sehen wollte, und sagte: ‹Ja, mach ihn aus, oder guck dir irgendwas anderes an, wenn du willst.›

Im Nu hatte er die Fernbedienung in der Hand. Er setzte sich auf den Boden und stellte einen Sender mit Zeichentrickfilmen ein. Mit seinen vier Jahren dachte er zuerst: ‹Was möchte Opa, damit ich das bekomme, was ich möchte?›»

Die Marketingchefin einer New Yorker Unternehmensgruppe verfolgt dieses Prinzip beinahe mit Besessenheit. In ihrem Fall – wie bei vielen Einzelhändlern – ist der andere der Kunde.

Soweit es sie betrifft, beginnt der Prozeß, noch bevor ein möglicher Kunde überhaupt einen Laden des Unternehmens betritt. «Wir haben in einigen Einkaufszentren zwanzig Meter Schaufenster gemietet», sagt sie. «Der Kunde entscheidet sich in acht Komma fünf Sekunden, ob er das Geschäft betritt oder weitergeht.» Diese Augenblicksentscheidung, die sich viele Millionen Male wiederholt, bestimmt weitgehend darüber, ob das Unternehmen Erfolg hat. Oder, wie die Marketingleiterin es sieht, «ich habe acht Komma fünf Sekunden Zeit».

Der sehr wettbewerbsintensive Einzelhandel hat Pionierarbeit auf dem Gebiet geleistet, die Welt mit den Augen des Kunden zu sehen.

Wir waren alle schon einmal in einem schlecht geführten Geschäft. Die Angestellten standen zusammen und unterhielten sich. Ein eintretender Kunde kommt sich wie ein Eindringling in einem Privatclub vor. Service? Sie erwarten Service? Die Angestellten sind viel zu gelangweilt oder zu beschäftigt, sich wegen so etwas unterbrechen zu lassen.

Die Zeit der desinteressierten Kundenbetreuung geht langsam ihrem Ende zu. Geschäfte, die nicht nach dem Motto «Der Kunde ist König» handeln, verschwinden inzwischen immer öfter vom Markt und ihre unengagierten Angestellten mit ihnen.

Der Geschäftsinhaber Sam Walton stellte in seinen Diskontläden Ganztagskräfte ein, deren einzige Aufgabe darin bestand, sich in Eingangsnähe aufzuhalten, die Kunden zu begrüßen und ihnen den richtigen Weg zu zeigen. Warum? Es lag nicht nur an Waltons angeborener

Die Welt mit den Augen des Kunden sehen | 85

Freundlichkeit. Er war klug genug, seine Läden mit den Augen der Kunden zu sehen. Sie kommen an, betreten den riesigen, hellerleuchteten Laden, in dem sich Gang an Gang mit Waren reiht, und wissen nicht wohin. Die Kunden brauchen Hilfe. Und sie sind angetan von dem Geschäft, das sie bietet. Und wenn sie die Ware finden, nach der sie suchen, ist auch die Wahrscheinlichkeit, daß sie sie kaufen, größer. Das macht zufriedene Kunden, was wiederum gut für das Geschäft ist. Ein zufriedener Kunde ist ein Gewinn für jedes Geschäft.

«Übertreffen Sie die Erwartungen Ihrer Kunden.» Das war einer der Grundsätze von Sam Walton. «Wenn Sie das tun, kommen die Kunden immer wieder. Geben Sie ihnen, was sie suchen, und noch ein bißchen mehr.»

Die Devise heißt nicht: Wie können wir auf die für uns bequemste Art ein Geschäft machen? Sie heißt vielmehr: Wie können wir auf die für Kunden bequemste Art ein Geschäft machen? Sie rundum zufriedenstellen – darum geht es. Und all die Beurteilungen, die nicht aus der Sicht des potentiellen Kunden erfolgen, bringen nichts.

Eine bekannte Softwarefirma bildet für jedes Produkt, das sie anbietet, einen «Kundenrat». «Wir stellen ein Produkt erst dann her, wenn der Kundenrat uns gesagt hat, daß es bei ihm die Nummer eins ist», erklärt der Firmenchef. «Der Kundenrat legt uns eine Prioritätenliste vor. Er macht uns Vorgaben, und wir setzen unseren ganzen Stolz darein, seine Probleme zu lösen und seine Bedürfnisse zu befriedigen.»

Bei dem Softwareunternehmen wird das keineswegs als Luxus betrachtet. Es ist vielmehr ein grundlegender Bestandteil der Firmenpolitik. «Ohne Anregungen des Kundenrats könnten wir kein Produkt entwickeln», erklärt der Chef. «Wir befänden uns in einem Elfenbeinturm und würden wahrscheinlich am Markt vorbeiproduzieren.»

Die bedingungslose Beachtung des Dienstes am Kunden ist für jede Branche eine Frage des Überlebens. Wenn das bedeutet, eine Tagungsstätte frauenfreundlicher zu gestalten oder die Küche gesundheitsbewußter zu machen, ist das für ein gutes Dienstleistungsunternehmen kein Problem. Aber es genügt nicht zu warten, bis genügend Anregungen auf dem Tisch liegen oder die Beschwerdebriefe eingehen. Es ist unerläßlich, den Kunden einen Schritt vorauszusein. Ein kluger Geschäftsmann überlegt ständig, was der Kunde als nächstes wünschen wird – in einigen Tagen, einigen Wochen, einigen Monaten. All das ist Teil dessen, sich in die Interessenlage des anderen hineinzuversetzen, also die Umkehrung des «Was springt für mich dabei heraus?».

Es herrscht sicher kein Mangel an Publikationen aus allen Bereichen der Wirtschaft – Zeitschriften, Bücher, Branchenbriefe, On-line-Datenbanken, Faxberichte –, doch die meisten dieser Publikationen liefern nach Meinung eines Brancheninsiders nicht die brauchbaren Informationen, nach denen viele Geschäftsleute geradezu lechzen. «Sie widmen sich mehr oder weniger Geschäftsnachrichten. Aber sie sagen nicht, wie man in der Praxis mit seinen Angestellten umgeht oder wie man die Kosten der Krankenversicherung senkt. Sie behandeln das Problem der Krankenversicherung, aber sie sagen Ihnen nicht, wie man es lösen kann.» Deshalb startete er einen heute sehr erfolgreichen Branchenreport, um diese Lücke zu schließen.

Muß man ein Genie sein, daß einem so etwas einfällt? Kaum. Es bedarf nur einiger Führungspersönlichkeiten, die sich tagaus, tagein fragen: «Wie bewertet der Kunde unser Geschäft? Was erwartet der Kunde als nächstes?»

Jede Branche kann davon profitieren, die Welt auf diese Weise zu betrachten.

«Im letzten Jahr», sagt Jan Carlzon, Präsident der Fluggesellschaft SAS, «ist jeder unserer zehn Millionen Kunden mit etwa fünf SAS-Angestellten in Berührung gekommen. Dieser Kontakt dauerte im Durchschnitt fünfzehn Sekunden. Diese einhundertfünfzig Millionen Augenblicke der Wahrheit sind Augenblicke, die letztlich darüber entscheiden, ob die SAS Erfolg hat.»

Die Dinge aus der Sicht des anderen zu sehen kommt nicht von allein. Die Fragen sind nicht kompliziert, aber sie müssen gestellt werden. Stellen Sie sie im Betrieb, zu Hause, in Gesellschaft.

Welche Lebenserfahrungen bringt der andere in einen Dialog ein? Was möchte der andere erreichen? Was will der andere vermeiden? Welche Kundenkreise muß der andere berücksichtigen? Was ist nötig, damit der andere diese Begegnung als Erfolg betrachtet?

Die Antworten auf diese Fragen werden in jedem Unternehmen anders ausfallen, wenngleich einige Themen sicher immer wiederkehren. Aber wie die Antwort im Einzelfall auch ausfällt – es geht hier nicht nur darum, zu allem, was die anderen möchten, ja und amen zu sagen. Es gilt, sich wirklich zu bemühen, herauszufinden, was der andere tatsächlich möchte – und alles Menschenmögliche zu tun, es zu verwirklichen.

Dale Carnegie hat dazu gesagt: «Wenn Sie anderen Menschen helfen können, ihre Probleme zu lösen, können Sie alles haben.»

Es bedurfte eines geharnischten Beschwerdebriefs, um dem Vertriebschef des Küchenbauers Corning klarzumachen, daß das, was er sich unter «großartig» vorstellt, nicht unbedingt auch die Meinung des Kunden ist. Corning hatte eine umfangreiche Marktstudie verschickt, und einer der Adressaten legte seine Worte nicht auf die Goldwaage. «Corning ist das Letzte», schrieb er.

Der Vertriebschef ging, wie es jeder gute Manager getan hätte, der Beschwerde nach und lud den Betreffenden zu einem Gespräch ein. «Also, warum ist Corning das Letzte?» fragte er den Mann, der in einem Lager arbeitete, in dem es von Corning-Produkten wimmelte.

«Es sind Ihre Etiketten», sagte der Mann.

«Ah, jetzt verstehe ich Sie», erwiderte der Vertriebschef strahlend. «Sie verwechseln uns mit einem anderen Hersteller. Unsere Etiketten sind computergeschrieben. Sie zeigen den Hersteller, das Ursprungsland, Ihren

Code, unseren Code, das Datum, alles, was Sie wissen müssen.»

Der Mann wiegte langsam den Kopf. «Junger Mann», sagte er, «waren Sie schon einmal in einem Lager?»

«O ja», erwiderte der Vertriebschef. «Ich habe zehn Jahre in einem Lager gearbeitet.»

«Waren Sie schon einmal in *meinem* Lager?» Der Vertriebschef mußte verneinen. «Dann kommen Sie mal mit», forderte der Mann ihn auf.

Die beiden begaben sich zum Lagerhaus. Die Regale in diesem Lager waren höher als die, die der Mann von Corning gewohnt war. Die obersten Reihen waren deutlich über Kopfhöhe.

Der Lagerangestellte zeigte auf eines der obersten Regale. «Da oben lagern wir Corning-Artikel», sagte er. «Können Sie die Etiketten da oben lesen?»

«Nein», mußte der Vertriebschef zugeben, «das kann ich tatsächlich nicht.»

«Das ist es», sagte der Lagerangestellte. «Nicht zu lesen.»

Das hatte er also gemeint, als er geschrieben hatte, «Corning ist das Letzte».

Der Vertriebschef machte an dem Tag eine wertvolle Erfahrung. «Man muß zu dem Kunden in die Firma gehen», sagt er. «Nehmen Sie den Mann im Lager. Er stellt Anforderungen. Andere stellen Anforderungen.» Und die erfahren Sie nur, wenn Sie sich die Mühe machen zu fragen.

Wenn Sie erfolgreichere Beziehungen zu Ihren Kunden, Ihrer Familie oder Ihren Freunden haben möchten, dann betrachten Sie die Dinge aus deren Warte.

> Aus sich heraustreten, um zu entdecken,
> was für andere wichtig ist.

6 Zuhören lernen

Auf der Dinnerparty eines New Yorker Verlegers lernte ich einen angesehenen Botaniker kennen. Ich hatte mich noch nie mit einem Botaniker unterhalten und war von dem Mann fasziniert. Ich saß buchstäblich auf der Stuhlkante und hörte ihm zu, während er von exotischen Pflanzen und Experimenten zur Züchtung neuer Pflanzensorten und von Wintergärten sprach. Ich hatte selbst einen kleinen Wintergarten, und er war so nett, mir einige Tips zu geben.

Wie gesagt, wir waren auf einer Dinnerparty. Es waren bestimmt noch ein Dutzend anderer Gäste da, doch ich setzte mich über alle Regeln der Höflichkeit hinweg, beachtete niemanden sonst und unterhielt mich stundenlang mit dem Botaniker.

Mitternacht kam. Ich verabschiedete mich und wollte gehen. Da wandte sich der Botaniker an unseren Gastgeber und machte mir einige Komplimente. Ich sei sehr anregend, sagte er. Ich sei dies, und ich sei das. Und zum Schluß sagte er noch, ich sei ein sehr interessanter Gesprächspartner.

Ein interessanter Gesprächspartner?

Ich hatte kaum ein Wort gesagt. Ich hätte gar nichts sagen können, wenn ich nicht das Thema hätte wechseln wollen, denn ich weiß von Botanik genausowenig wie vom Körperbau eines Pin-

guins. Ich hatte allerdings eins getan: Ich hatte sehr aufmerksam zugehört. Ich hatte zugehört, weil ich wirklich interessiert gewesen war. Und das hatte er gemerkt. Selbstverständlich hatte ihm das gefallen. Diese Art des Zuhörens ist eines der größten Komplimente, die wir jemandem machen können. Und deshalb hielt er mich für einen guten Gesprächspartner, wo ich doch in Wirklichkeit nur ein guter Zuhörer gewesen war, der ihn zum Reden animiert hatte.

Dale Carnegie

Es gibt zwei sehr gute Gründe, anderen Menschen zuzuhören. Wir erfahren auf diese Weise etwas, und die Menschen gehen auf diejenigen ein, die ihnen zuhören.

Das klingt so selbstverständlich, daß es schwarz auf weiß fast lächerlich wirkt. Doch es ist eine Erkenntnis, die anzuwenden die meisten von uns vergessen.

Hugh Downs, Moderator bei ABC, erkannte während seines beruflichen Werdegangs sehr früh, wie wichtig Zuhören ist. Das war noch zu Radiozeiten, als Downs Interviews für den Rundfunk machte. Er erlebte aus erster Hand, wie ein einfacher Patzer, nicht richtiges Zuhören, einen seiner erfahrensten Kollegen furchtbar stolpern ließ.

«Er befragte einen Mann, der in den dreißiger Jahren aus einem Gefängnis im Kreml geflohen war», erinnert Downs sich. «Der Gast erzählte ihm, wie die Häftlinge in monatelanger Arbeit versucht hatten, durch einen Tunnel in die Freiheit zu gelangen. Sie hatten gegraben und gegraben. Sie hatten die Erde gegessen. Sie hatten sogar eine Säge einschmuggeln können. Und als sie merkten, daß sie mit ihrem Tunnel außerhalb der Gefängnismauern waren, gruben sie nach oben. Es war eine ziemlich dramatische Geschichte.

Und dann, in einer Nacht, waren sie endlich so weit, daß sie durchbrechen konnten. Sie hatten bereits einen Holzboden über sich durchgesägt. Aber als dieser eine Häftling dann den Kopf durch das Loch steckte, war er wie gelähmt von dem, was er sah. ‹Als ich hochkam›, erzählte der Befragte, ‹stellte ich fest, daß ich mich direkt in Stalins Arbeitszimmer befand.›

Und wissen Sie, was der Interviewer als nächstes sagte?» fragt Downs. «‹Haben Sie irgendwelche Hobbys?›»

Nicht «Sind Sie sicher? Das Arbeitszimmer von Stalin?» Oder: «Ich hoffe, Stalin hat so spät nachts nicht mehr gearbeitet», oder: «Sagen Sie, hat es Sie nicht verlockt, sich in den Sessel dieses Schlächters zu setzen und sich eine seiner Zigarren anzustecken?» Hätte der Interviewer überhaupt zugehört, wären ihm jede Menge Anschlußfragen eingefallen. Aber der Interviewer war mit den Gedanken irgendwo anders. Alles, was er zustande brachte, war diese lächerliche Fortsetzung. Und seine Zuhörer waren um den Höhepunkt einer spannenden Geschichte gebracht.

«Das ist wirklich passiert», sagt Downs. «Und ich habe andere Fälle erlebt, wo der Interviewer einfach nicht zugehört hat. Es ist erstaunlich, was die Leute durch schlechtes Zuhören alles verpassen können.»

Zuhören ist selbstverständlich nicht nur für diejenigen wichtig, deren Beruf es ist, andere zu befragen. Es ist ein absolutes Muß für jeden, überall, zu jeder Zeit, der sich mit anderen austauschen möchte.

Zuhören ist die wichtigste Kommunikationsfähigkeit überhaupt. Noch wichtiger als mitreißende Redekunst. Wichtiger auch als eine kräftige Stimme. Wichtiger als das Beherrschen mehrerer Sprachen. Wichtiger sogar als ein Flair für das geschriebene Wort.

Erfolgreiche Kommunikation fängt mit gutem Zuhören überhaupt erst an. Erfolgreiche Führungspersönlichkeiten gehören in der Mehrzahl zu denen, die den Wert des Zuhörens erkannt haben.

«Ich sitze nicht auf dem Gipfel eines Berges und werde erleuchtet mit dem, was wir tun sollten», sagt der Produktionsleiter von Motorola. «Das muß ich von anderen Leuten erfahren. Ich muß sehr viel zuhören.»

Aber selbst ein so guter Kommunikator wie er, von dem erwartet wird, daß er die Motorola-Vision formuliert und unter die Leute bringt, wo er geht und steht, muß auch wissen, wann man *nicht* redet. Er sagt dazu: «Man muß in der Lage sein, seinen Sender abzustellen und zuzuhören – stellen Sie auf Empfang, lassen Sie andere etwas vorbringen, und gehen Sie diesen Ideen nach.»

Dieses Verständnis ist wesentlich dafür, wie der Produktionsleiter sich als Führungsperson in einem Unternehmen sieht. Er spricht beispielsweise nie von sich als einem großen oder erfahrenen Unternehmensguru. Er vergleicht sich vielmehr mit einer Brieftaube.

«Ich löse bei Motorola kein einziges Qualitätsproblem», erklärt er. «Wenn Sie von mir Hardware verlangen, gebe ich Ihnen als erstes die Telefonnummer des Mannes, der für Hardware zuständig ist. Ich nehme vielmehr die guten Ideen, von denen ich höre, und trage sie von einem zum anderen.»

Was dem zugrunde liegt, ist eine Binsenweisheit: *Kein Mensch kann alles wissen. Anderen zuzuhören ist der beste Weg, etwas zu lernen.*

Das bedeutet, den Angestellten zuzuhören, den Kunden, aber auch den Freunden und der eigenen Familie – selbst dem, was die schärfsten Kritiker zu sagen haben. Das heißt nicht, sich zum Gefangenen der Ansichten anderer zu machen, es heißt allerdings, sie bis zum Ende anzuhören.

Sie werden für viele ihrer Ideen dankbar sein.

In einer Zahnpastafirma wurde der Arbeitsablauf immer wieder unterbrochen, weil der Stahltank für die Zahnpasta zwischendurch gereinigt werden mußte. Eines Tages machte einer der Produktionsangestellten einen Vorschlag, und der Geschäftsführer war so klug, ihn durchzurechnen.

«Wir benutzten nur einen Tank», erinnert er sich. «Der Angestellte schlug vor, einen zweiten Tank einzusetzen. Jetzt können wir den ersten Tank reinigen und währenddessen den zweiten benutzen, so daß wir die Produktion nicht mehr unterbrechen müssen. Dadurch haben wir die Umrüstzeit um siebzig Prozent gesenkt und die Produktivität erheblich erhöht.»

Aus der gleichen Fabrik gelangte eine zweite Idee zu dem Geschäftsführer, die genauso wichtig war. Jahrelang hatte das Werk mit einer äußerst empfindlichen und sehr teuren Wiegeanlage unter dem Förderband gearbeitet. Dadurch sollte gewährleistet sein, daß jede Zahnpastaschachtel auch tatsächlich eine Tube enthielt. Aber die hochmoderne Waage arbeitete nie richtig. «Manchmal verschickten wir Kartons mit leeren Schachteln. Einer der Männer im Betrieb hatte die Idee, die teure Anlage komplett rauszuschmeißen und statt dessen einen Luftstrahl dort über das Förderband blasen zu lassen, wo die Schachteln vorbeiliefen. Der Luftstrahl war so eingestellt, daß der Luftdruck alle leeren Schachteln vom Band warf.»

Viele halten Zuhören für etwas Passives, Sprechen dagegen für etwas Aktives. Das Klischee «sich zurücklehnen und zuhören» deutet auf dieses weitverbreitete Mißverständnis hin. Sich einfach nur anhören, was jemand sagt, ist eine relativ passive Tätigkeit. Engagiertes, effektives Zuhören ist dagegen eine höchst aktive Betätigung.

Der Leiter einer südamerikanischen Computerfirma macht an seiner spanischen Muttersprache den Unterschied zwischen beidem deutlich. «Im Spanischen», erklärt er, «haben wir zwei Ausdrücke, *oír* und *escuchar*», was in etwa unserem «hören» und «zuhören» entspricht. «Richtig zuzuhören ist sehr viel mehr als bloßes Hören.

Viele denken bei sich, wenn sie jemanden anhören: ‹Was soll ich antworten?›, statt auf das zu hören, was der Betreffende sagt.»

Aktives Zuhören verlangt eine intensive Beteiligung am Gespräch, selbst wenn der Zuhörende schweigt. Das ist nicht immer einfach. Es erfordert Konzentration, wirkliche Anteilnahme. Es verlangt Nachfragen und Bohren. Und es fordert eine bestimmte Reaktion, schnell, überlegt, gezielt und knapp.

Es gibt viele Möglichkeiten, aktives Engagement an einem Gespräch zu bekunden, wobei man weiß Gott nicht aufspringen und dem anderen alle fünf Sekunden ins Wort fallen muß. Das Geheimnis besteht gar nicht darin, sämtliche Techniken zu beherrschen. Gute Zuhörer eignen sich ein paar an, die ihnen liegen und die sie natürlich finden – und denken beizeiten daran, sie einzusetzen.

Es kann ein gelegentliches Nicken sein oder ein «Ah ja» oder ein «Ich verstehe». Einige verändern gern ihre Haltung oder beugen sich vor. Andere lächeln oder schütteln im geeigneten Augenblick den Kopf. Blickkontakt ist ein weiteres Signal für den Gesprächspartner, das besagt: «Ja, ich höre genau zu, was du mir sagst.»

Und wenn der andere eine Pause macht, stellen Sie Fragen, die auf das eingehen, was gerade gesprochen wurde.

Wichtig ist hier nicht die genaue Zuhörtechnik, die man wählt. Keine dieser Methoden sollte schematisch angewandt werden. Dies sind nur Vorgehensweisen, an die zu denken sich lohnt, wenn der richtige Augenblick da ist. Sie bewirken, daß Ihr Gegenüber sich freut, mit Ihnen sprechen zu können. Elmer Wheeler hatte im wesentlichen das gleiche im Sinn, als er vor zwei Generationen in seinem wegweisenden Buch über Verkaufstechnik («Verkaufen Sie das Brutzeln, nicht den Braten») schrieb: «Ein guter Zuhörer beugt sich Ihnen entgegen. Er ist im Geiste bei jedem Wort, das Sie sagen, ‹bei Ihnen›, nickt und lächelt zum richtigen Zeitpunkt. Er hört ‹genau› zu.» Das ist nicht nur ein guter Rat für Verkäufer, schreibt Wheeler. «Es ist eine gute Regel für gesellschaftlichen und geschäftlichen Erfolg.»

«Wer aktiv zuhört», sagt Bill Makahila, Personalchef einer großen Mikroelektronikfirma, «stellt normalerweise auch Fragen und wartet dann auf eine Antwort, statt gleich eine Lösung parat zu haben. Aktives Zuhören findet dann statt, wenn der Angestellte spürt und zweifelsfrei weiß, daß Sie nicht nur auf Schlußfolgerungen aus sind.»

Makahila hält das für so wichtig, daß er sogar einen Preis für aktives Zuhören für leitende Angestellte ausgesetzt hat, die auf dem Gebiet des Zuhörens Besonderes leisten. Er hat einen Drei-Fragen-Test entworfen, mit dem er feststellt, ob jemand aktiv zuhört oder nicht:

1. Stellen Sie Fragen und warten die Antwort ab?
2. Antworten Sie rasch und direkt auf die Fragen, die gestellt werden?
3. Spürt Ihr Gesprächspartner, daß Sie ihm aktiv zuhören?

Ein gutes Umfeld zum Zuhören – auch damit fängt Zuhören an. Es ist unmöglich, vernünftig zuzuhören, wenn Angst, Anspannung oder Nervosität herrschen. Deshalb achten gute Lehrer immer darauf, daß es in ihrem Klassenzimmer angenehm und einladend ist.

Der Vorsitzende einer international tätigen Firma für Eiscreme und Joghurt wurde vom Mutterkonzern Nestlé nach Japan geschickt, um Absatz und Vertrieb zu organisieren.

«Das erste, was ich machte, war, bei mehreren amerikanischen Unternehmen vorbeizuschauen, die Töchter in Japan hatten», erinnert er sich. Er lernte Japanisch. Er schlief in japanischen Hotels. Er aß japanisch. Er unternahm alles Erdenkliche, um sich mit japanischen Dingen zu umgeben.

«Das wichtige ist zuzuhören», sagte er, «wirklich zuzuhören, bevor man sich einschaltet und drauflosredet und jedem erzählt, wie schlau man ist. Man muß zuerst erkennen, wie dumm man ist. Man muß hingehen und die Leute kennenlernen, mit ihnen reden, sich nicht über irgend jemanden stellen. Tun Sie sich um, reden Sie mit den Leuten, hören Sie aufmerksam zu, und bilden Sie sich nicht vorschnell ein Urteil.»

Ganz einfach gesagt: *Überall haben es die Menschen gern, wenn man ihnen zuhört, und sie reagieren fast immer positiv auf andere, die ihnen zuhören.* Zuhören ist eine der besten Methoden, jemand anderem unsere Achtung kundzutun. Es ist ein Zeichen dafür, daß wir in ihm einen wichtigen

Menschen sehen. Es ist unsere Art zu sagen: «Was du denkst und tust und glaubst, ist mir wichtig.»

Seltsamerweise ist das Anhören einer anderen Meinung oft die beste Methode, den Betreffenden zur eigenen Meinung zu bekehren. Dean Rusk, Außenminister unter Präsident Johnson, wußte das aus jahrzehntelanger Erfahrung mit politischen Verhandlungen in aller Welt. «Zuhören bedeutet, andere mit den Ohren zu überreden.» Das stimmt; Zuhören kann ein äußerst wirkungsvolles Instrument sein, andere dazu zu bringen, die Welt so zu sehen, wie man sie selbst sieht.

Der erste Schritt zum guten, aktiven Zuhörer ist das Verständnis dessen, wie wichtig gutes Zuhören ist. Der zweite Schritt besteht darin, lernen zu wollen. Und schließlich muß man diese sich entfaltenden Zuhörfähigkeiten erproben.

«Ich habe sie auf weniger angenehme Weise erlernt», erinnert sich Wolfgang Schmitt, Geschäftsführer eines großen Heimproduktherstellers. «Ich habe sie erlernt, als ich als junger Mann geschieden wurde. Ich war sehr karrierebewußt. Ich wollte eine Scheidung vermeiden und ging mit meiner Frau zu einem Berater. Da habe ich wirklich zum ersten Mal erkannt, wie wichtig gutes Zuhören ist. Für mich ging es um etwas sehr Wichtiges – meine Ehe –, und ich wollte sie retten. Es war das erste Mal, daß jemand mir einige sehr deutliche Worte gesagt hat.»

Über das Zuhören? «Nicht nur darüber», sagt Schmitt. «Auch über das Verinnerlichen der Gefühle anderer und das Nachdenken darüber. Dann über die Fähigkeit, sie widerzuspiegeln, damit man sich ihre Bedeutung für einen selbst klarmachen kann.»

Bei Motorola ermuntert man die kleinen Mitarbeiterteams beständig, sich mit ihren Ideen zu melden. Und die Führungsriege des Unternehmens sitzt dann still da und hört zu. «Ich habe schon Hunderten von Teams zugehört, die über Fragen, Lösungen und so weiter gesprochen haben», sagt der Produktionsleiter von Motorola. Und die Zukunft Motorolas ist aus diesen Hunderten von Gesprächen erwachsen.

Solche kleinen Gruppendiskussionen – betreut von Führungskräften, die die meiste Zeit den Mund halten – sind ein ungemein wertvolles Mittel, Zuhören im Unternehmen zu einer festen Einrichtung zu machen. Bei der Mikroelektronikfirma Analog Devices hat man «runde Tische» eingeführt. Mitarbeiter aus dem gesamten Unternehmen werden regelmäßig in kleinen Gruppen zu Diskussionen ohne Tabus mit den Mitgliedern der Geschäftsleitung eingeladen. Das Hauptthema lautet: «Ein neues Analog für die neunziger Jahre schaffen.»

«Es geht nicht nur darum, die Fragen der Mitarbeiter zu beantworten», erklärt der Vorsitzende. «Ich sage zum Beispiel, wenn wir einige Zeit diskutiert haben: ‹Ich möchte jetzt gern von Tisch zu Tisch gehen und mir von jedem einzelnen erzählen lassen, was seine speziellen Sorgen sind, was er an Anregungen hat, woher er kommt.› Und ich mache mir eifrig Notizen.

Das nennt man Zuhören», sagt er. «Danach setze ich einen kleinen Bericht auf, der zusammenfaßt, was ich gehört habe.»

Bei der Firma Corning wurde eine Methode entwickelt, das Zuhören in ein Werkzeug zur praktischen Verbesserung zu verwandeln. «Wir rufen bei einem unserer Unterlieferanten an. Wir möchten zwei Gruppen von jeweils fünfzehn Mitarbeitern für ein Treffen von etwa fünf Stunden haben.»

David Luther schildert, was dann abläuft: «Normalerweise ist der Gewerkschaftsboß da, er hat einen Assistenten, und ich habe einen Assistenten. Ich übernehme mit einem der Gewerkschaftsvertreter die eine Gruppe. Mein Assistent übernimmt mit dem zweiten Gewerkschaftsvertreter die andere. Vor jeder Gruppe stehen also zwei Personen.

Wir nehmen mit den Teilnehmern Befragungen vor.

Beispielsweise: Wo gibt es Probleme in der Produktion? Sie dürfen sich über alles beklagen. Und wir schreiben das an die Tafel.

Meistens stellen wir zehn bis zwölf Themen zur Diskussion und lassen dann abstimmen, welches die zwei jeweils wichtigsten Feststellungen sind.

Dann bringen wir die beiden Gruppen wieder zusammen und sprechen gemeinsam über die jeweils wichtigsten beiden Punkte. Wir ernennen einen Gruppensprecher, der vorträgt, was die Gruppe meint. Die erste Gruppe sagt: ‹Wir verstehen nicht, was der Betriebsleiter meint.› Und die zweite Gruppe sagt: ‹Der Betriebsleiter spricht nie mit uns.› Selbst der beschränkteste Geschäftsleiter wird begreifen, daß da etwas nicht stimmt. Es entwickelt sich direkt vor aller Augen, denn es wurden zuvor ja keine Fragebogen verschickt. Jeder konnte sehen, wie sich die Mehrheiten gebildet haben.»

Das sind sehr gut funktionierende Methoden. Und in gutgeführten Firmen sind ähnliche Verfahren entwickelt worden. Denken Sie daran, daß dabei zwei Grundprinzipien zugrunde liegen:

1. Zuhören ist der beste Weg, etwas zu lernen.
2. Die Menschen gehen auf diejenigen zu, die ihnen zuhören.

Der einfache Grund dafür ist der, daß die Menschen es gern haben, wenn man ihnen zuhört. Das gilt im Geschäftsleben. Es gilt zu Hause. Und es gilt für fast jeden, mit dem wir im Leben zusammenkommen.

«Das Geheimnis, Menschen zu beeinflussen, liegt weniger darin, ein guter Redner zu sein, als darin, ein guter Zuhörer zu sein», schrieb Dale Carnegie. «Die meisten Menschen, die andere von ihrer Denkweise überzeugen wollen, reden zuviel. Lassen Sie die anderen reden. Sie wissen mehr von ihrem Geschäft oder ihren Problemen als Sie. Stellen Sie daher Fragen. Geben Sie ihnen die Gelegenheit, sich auszusprechen.

Falls Sie nicht mit ihnen übereinstimmen, werden Sie

vielleicht versucht sein, ihnen ins Wort zu fallen. Tun Sie es nicht. Es ist gefährlich. Sie werden Ihnen nicht zuhören, weil sie selbst noch soviel auf dem Herzen haben, das hinaus muß. Hören Sie also geduldig und aufgeschlossen zu. Seien Sie aufrichtig. Ermuntern Sie sie, ihre Gedanken ganz zu äußern.»

Ihr Gegenüber wird es nicht vergessen. Und Sie werden das eine oder andere lernen.

Niemand ist überzeugender als ein guter Zuhörer.

7 Gemeinsam in die Zukunft

Adolf Seltz, Automobilvertreter und Teilnehmer einer meiner Kurse, stand urplötzlich vor der Situation, einer lustlosen und chaotischen Gruppe Autoverkäufer Begeisterung einimpfen zu müssen. Er ließ sie zusammenkommen und forderte sie auf, ihm genau zu sagen, was sie von ihm erwarteten. Er schrieb das, was sie vorbrachten, an die Tafel. Dann sagte er: «Ich werde all das, was Sie von mir erwarten, einlösen. Und jetzt sagen Sie mir bitte, was ich von Ihnen erwarten kann.»

Die Antworten kamen schnell: «Loyalität, Aufrichtigkeit, Initiative, Optimismus, Teamarbeit, täglich acht Stunden begeisterte Arbeit.»

Die Zusammenkunft endete mit neuem Mut, einer neuen Anregung – ein Verkäufer wollte freiwillig vierzehn Stunden täglich arbeiten –, und Mr. Seltz berichtete mir, daß die Verkaufszahlen sensationell in die Höhe schnellten.

«Die Leute hatten eine Art moralischen Handel mit mir abgeschlossen», erklärte Seltz, «und solange ich meinen Teil der Vereinbarung einhielt, waren sie bereit, sich an ihren Teil zu halten. Die Frage nach ihren Wünschen und Sehnsüchten war genau der Ansporn, den sie brauchten.»

Dale Carnegie

Früher war es üblich, große Organisationen wie Pyramiden zu strukturieren. Unten waren viele Arbeiter und darüber in Schichten Vorgesetzte und Angehörige der mittleren Führungsebene. Jede Schicht war derjenigen unter ihr übergeordnet. Und dieses vielschichtige Bauwerk wuchs unbeirrt zu einem perfekten, berechenbaren Punkt – wo der Generaldirektor, der Geschäftsführer und die Direktoren saßen.

War das die beste Art, ein Unternehmen, ein Krankenhaus, eine Schule zu organisieren? Kaum jemand machte sich die Mühe, das zu hinterfragen. Die alte Pyramide war, wie sie schon immer gewesen war: stabil, eindrucksvoll und anscheinend unerschütterlich.

Aber die Pyramiden geraten ins Wanken. Es ist, als kämen die Sklaven aus dem alten Ägypten zurück und schleppten die Steine wieder fort. Die neue Landschaft wird vielleicht nicht so flach wie die sandige Sahara sein. Aber wir können sicher sein, daß die Zukunft um einiges ebener sein wird als die Vergangenheit.

Die starren Hierarchien, die Gliederung nach Abteilungen, die verschlungenen Befehlsketten – all das erstickt die kreative Arbeit. Und wer kann sich das noch leisten, wo die Welt sich so rasch wandelt?

«Sehen Sie sich an, was aus der Hierarchie der UdSSR geworden ist», sagt ein Manager der Kosmetikfirma Mary Kay. «Dasselbe wird wahrscheinlich auch in China passieren. Hierarchien funktionieren nicht in Regierungen. Und sie funktionieren nicht in Unternehmen. Die größten Gesellschaften, die wir in den Vereinigten Staaten hatten, haben nicht einmal gemerkt, daß die Welt ringsum zusammenbrach.»

Es mußten Strukturen geschaffen werden, die die alte Verkrustung aufbrachen, die den Menschen ermöglichten, kreativ zu sein und ihr Bestes zu geben, und die Begabungen zum Entfalten bringen konnten, die jahrelang geschlummert hatten. In immer mehr gutgeführten Organisationen findet man die Antwort im *Team*. Immer öfter wird von Menschen verlangt, fachübergreifend zu arbeiten, außerhalb ihres Kulturkreises, über und unter ihrer üblichen Stellung.

«Die moderne Organisation kann keine Organisation mit Chef und Untergebenen sein», behauptet der Betriebstheoretiker Peter Drucker. «Sie muß wie ein Team organisiert sein.»

Der Direktor eines lateinamerikanischen Unternehmens pflichtet dem bei. «Der einsame Führer, das geht nicht mehr», meint er. «Ein Mann, der sich allein etwas ausdenkt – dazu ist die Welt zu kompliziert geworden. Man braucht mehrere Leute aus verschiedenen Bereichen, die gemeinsam und zur gleichen Zeit arbeiten.» Kleine Gruppen mit Beschäftigten aus dem ganzen Unternehmen, die zusammengebracht werden für laufende Projekte oder für eine bestimmte einmalige Aufgabe – um ein neues Produkt zu entwerfen, ein Werk umzuorganisieren, eine Abteilung umzustrukturieren, um festzustellen, wie man ein Qualitätsverbesserungsprogramm mit neuem Schwung voranbringen kann. Die alten Grabenkämpfe zwischen Abteilungen werden immer seltener. Und immer seltener werden auch die automatischen Beförderungen, die Bezahlung nach Dienstalter und die anderen hemmenden Überbleibsel der alten Pyramide.

In pyramidenartig aufgebauten Unternehmen waren die Ingenieure den ganzen Tag mit anderen Ingenieuren zusammengesperrt. Heute kann es einem Ingenieur passieren, daß er in eine Gruppe mit mehreren Verkäufern kommt und den Auftrag erhält: «Hilf mit, dieses Produkt attraktiver für die Kunden zu machen», oder: «Setze dein Fachwissen ein und steuere diese Marketinggruppe um eine technische Klippe.»

Gruppierungen dieser Art haben zur Folge, daß das Marketing der Technik zuhört und die Technik ihrerseits dem Marketing. So etwas hat es in vielen Großunternehmen vorher nie gegeben. Und jetzt reden auch die Herstellung, der Kundendienst, die Personalabteilung und all die anderen Abteilungen miteinander. Bei einigen fortschrittlichen Unternehmen verschwinden diese künstlichen Sparten sogar allmählich.

Die Welt, so Peter Drucker, besteht nicht mehr aus Spießen und Soldaten. «In der Armee galt das Prinzip ‹Befehl und Gehorsam›, und die Wirtschaft, aber auch die meisten anderen Einrichtungen übernahmen dieses Modell», schreibt er. «Das ändert sich inzwischen rasch. Da sich immer mehr Organisationen auf Informationsnetze stützen, verwandeln sie sich in Fußball- oder Tennisteams

– d. h. in verantwortungsorientierte Organisationen, in denen jedes Mitglied als verantwortlicher Entscheidungsträger fungieren muß. Alle Mitglieder müssen sich als Führungskraft betrachten.»

Ein Musterbeispiel stellt der Aufbau der Kosmetikfirma Mary Kay dar. «Die Organisationsstruktur von Mary Kay ist offen», erklärt ihr Vorstandsvorsitzender. «Ich betrachte sie gern als eine Art Molekularstruktur, in der die Leute alle künstlichen Hindernisse ohne weiteres überwinden können. Sie sind nicht auf eine kleine Zelle beschränkt. Sie können sich ohne Rücksicht auf Abteilungsgrenzen an einem kreativen Aktionsteam beteiligen. Und in unserer Welt – so abgedroschen sich das anhört – ist der Kunde König.

Aber so wie wir arbeiten, kommt gleich danach unser Außendienst. Unsere Organisation ist ganz darauf eingestellt, diesen Außendienst zu unterstützen. An der Spitze des Organigramms befindet sich etwas, das wir als unbedeutenden grünen Punkt bezeichnen.

Als ich das erste Mal mit Dias vorführte, wie man eine Organisation strukturieren könnte, machte der Grafiker dort einen grünen Punkt hin. Der unbedeutende grüne Punkt bin ich. Nach meiner Ansicht besteht kein Bedarf an einem Präsidenten oder Vorsitzenden, es sei denn, er verschreibt sich der Aufgabe, die Bedürfnisse anderer zu erkennen und diejenigen, die die Arbeit erledigen, mit den dazu erforderlichen Mitteln zu versorgen.»

«Die Organisationen befinden sich in einer Phase des

Umbruchs», sagt Adele Scheele, deren Beiträge über Managementfragen regelmäßig in amerikanischen und japanischen Wirtschaftsmagazinen erscheinen. «Was bisher funktioniert hat, funktioniert nicht mehr. Die Menschen erwarteten einen vorgegebenen Weg, doch den gibt es nicht. Je fester Sie also daran glauben, desto weniger sind Sie wahrscheinlich in der Lage, flexibel zu sein und Gelegenheiten zu nutzen, die nie mit einem Etikett versehen daherkommen. Sie müssen immer offen sein.»

Diese flachen, gestreckten Organisationen tauchen an den überraschendsten Orten auf, sogar im Erziehungsbereich. «Das Management wird immer gestreckter», beobachtet Marc Horowitz, Rektor einer Grundschule. «Und es ist auch wirklich nötig, Teams zu bilden, Teams zu führen und die Menschen in der Breite zu motivieren. In vielen Fällen muß das ohne Titel, ohne Entlohnung oder finanziellen Anreiz gehen. Die Leistung des Teams ist der Schlüssel.»

Für die Schule von Horowitz heißt dies, daß die Schüler nicht mehr den ganzen Tag allein in langen Holztischreihen arbeiten. Sie arbeiten gemeinsam. Sie arbeiten in Teams. Sie erstellen Gruppenprojekte. Man erwartet von den Schülern, daß sie einander helfen. Auch die Lehrer arbeiten mehr zusammen als bisher.

«Heute geht es um die Frage: Wie treten wir in Beziehung zueinander und erzielen Ergebnisse in der wirklichen Welt?», erklärt Horowitz. «Wir bereiten die Schüler auf die Zukunft vor. Sie können nicht mehr isoliert arbeiten. Sie müssen in eine gemeinschaftliche Arbeit einbezogen werden, und die wichtigste Aufgabe besteht darin, die sozialen Fähigkeiten zu erlernen, diejenigen in der Gruppe zu ermutigen, die nicht so gut sind. Sie sollten nie das Gefühl bekommen, weniger wert zu sein, nur weil sie Fehler machen oder nicht alles beantworten können.»

Die Marketingfakultät der Harvard Business School führte vor einiger Zeit ein Gemeinschaftsexperiment durch. Statt der üblichen Examen zur Mitte des Semesters wurden die Studenten willkürlich in Vierergruppen eingeteilt. Jedes Team hatte eine Marketingaufgabe zu lösen und vierundzwanzig Stunden Zeit für eine kurze schriftliche Ausarbeitung. Die Mitglieder jeder Gruppe würden jeweils die gleiche Gesamtnote erhalten.

«Anfangs gab es heftige Kritik», sagt John Quelch, der betreuende Professor. «Einige Studenten beschwerten sich, daß es zu Lasten der individuellen Noten ginge, mit einer Gruppe zusammengeworfen zu werden, die sie sich so nicht ausgesucht hätten.» Die Antwort der Universität: Willkommen in der wirklichen Welt.

Schließlich kamen die Studenten doch zu Rande. Als die Studentenzeitung sie nach Abschluß des Experiments befragte, sprachen sie sich begeistert für das neue Gruppenexamen aus.

«Am höchsten», so Quelch, «war das Lernniveau wahrscheinlich bei den Studenten der Gruppen, bei denen es nicht wie ein Uhrwerk lief. Es gab einige Gruppen, die erhebliche Meinungsverschiedenheiten hatten, aber dort befanden sich rückblickend die Studenten, die am meisten gelernt haben.»

Effektive Teamarbeit ist keine Zauberei. Man braucht mehrere kooperative Spieler und einen guten Trainer. Man kann nicht einfach mehrere Einzelpersonen zusammentun – selbst wenn sie sehr begabt sind – und erwarten, daß sie Außergewöhnliches zuwege bringen.

Aus diesem Grund rechtfertigt das All-Star-Team der amerikanischen Basketball-Liga (wie jedes andere All-Star-Team) so selten die vollmundigen Ankündigungen. Keine Frage, es treten viele der besten Spieler Amerikas auf einem Spielfeld auf. Nirgendwo findet sich eine hochkarätigere Ansammlung von Stürmern, Verteidigern und Centern. Warum gelingt diesen versammelten phänomenalen Spieltalenten dann so selten ein phänomenales Spiel?

Zuviel Individualität. Zu oft im Rampenlicht gestanden. Zu oft auf den ersten Seiten der Sportpresse erschienen. Wenn es darum geht, als Teil eines Ganzen zu spielen, erfüllen diese Superstars häufig die Ansprüche nicht. Die fehlende Zutat ist die Teamarbeit.

Eine erfolgreiche Mannschaft zusammenzustellen ist eine Kunst, und selbst ein großer Trainer kann selten über Nacht ein siegreiches Team bilden. Aber wer plant, in den vor uns liegenden Jahren eine Führungspersönlichkeit zu werden, sollte die grundlegenden Trainingsmethoden beherrschen. Sie sind im Geschäftsleben genauso notwendig wie im Sport.

Gemeinsam Zielstrebigkeit schaffen. Wenn man zusammenarbeitet, kann man Gewaltiges erreichen. Zusätzlichen Auftrieb erhält ein Team durch eine gemeinsame Vision. Die Ideen, die Kreativität, die zündenden Funken müssen letztlich von der Gruppe selbst kommen. Aber oft wird eine starke Persönlichkeit gebraucht, die diese Energie bündelt – die Vision formuliert, die Ziele vorgibt, allen verstehen hilft, was das Team vorhat, und den Teammitgliedern zeigt, wie ihre Leistungen sich auf die Umwelt auswirken.

Der Chef einer Mikroelektronikfirma sagt dazu: «Sie müssen für das Umfeld sorgen, für das Unternehmensziel und die Begeisterung, damit die Beteiligten individuell und als Gruppe das Gefühl haben, daß sie Weltklasse sind, daß sie besser als jede andere Gruppe sind und daß es Anerkennung und Feedback gibt, die das würdigen.»

Die Ziele zu Zielen des Teams machen. Entweder das ganze Team gewinnt oder niemand. Dieser Gedanke ist beim Sport selbstverständlich, er gilt aber auch für Gruppen jeder Art. Große Einzelleistungen sind schön für die Geschichtsbücher, im Alltag dagegen ist die Leistung von Teams weit wichtiger.

Deshalb sprechen die meisten guten Trainer – und die meisten guten Führungspersönlichkeiten – so oft in der ersten Person Plural: «Wir brauchen . . .» – «Unsere Vorgabe . . .» – «Die vor uns liegende Aufgabe . . .» Qualifizierte Leader heben immer hervor, wie sich der Beitrag jedes einzelnen in das Ganze fügt.

In der Wirtschaft: «Gemeinsam müssen wir dieses neue Produkt planmäßig auf den Markt bringen.» Wenn der Werbefachmann hervorragende Arbeit leistet, der Verpackungsspezialist aber versagt, bleibt der Erfolg aus.

Beim Segeln: «Gemeinsam müssen wir das Boot durch den Sturm bringen.» Wenn der Navigator die Sterne wie einen Roman lesen kann, der Skipper jedoch nicht den Unterschied zwischen Backbord und Steuerbord kennt, bleibt der Erfolg aus.

In der Politik: «Gemeinsam müssen wir diese Wahl gewinnen.» Wenn die Kandidatin eine hervorragende Rednerin ist, ihr Stab jedoch keine effiziente Organisation auf die Beine stellen kann, bleibt der Erfolg aus.

Behandeln Sie die Menschen als die Individuen, die sie sind. Wenn Einzelpersonen in einem Team zusammenkommen, löst sich ihre Individualität nicht plötzlich auf. Sie sind immer noch eigenständige Persönlichkeiten. Sie sind immer noch unterschiedlich befähigt. Sie haben immer noch unterschiedliche Hoffnungen und Ängste. Ein guter Leader wird diese Unterschiede erkennen, achten und zum Vorteil des Teams nutzen.

Individuell – so bereitete der international angesehene Trainer Bela Karolyi seine Turnerinnen auf die Olympischen Spiele vor. «Wenn ich nicht das machte, was er wollte», erinnert sich die Goldmedaillengewinnerin Mary

Lou Retton, eine von Karolyis Musterschülerinnen, «beachtete er mich einfach nicht. Mir wäre lieber gewesen, er hätte mich angebrüllt.» Aber Karolyi war so klug zu wissen, daß das genau die Methode war, die Retton brauchte. «Ich machte einen Sprung», erinnert sie sich. «Ich hob die Hände in die Höhe und drehte mich dann um. Er blickte zum nächsten Mädchen, die bereit war für ihre Übung. Oh, wie ich seine Aufmerksamkeit suchte. Ich wollte von ihm hören: ‹Das war gut, Mary Lou.› So holte er Ergebnisse aus mir heraus, spornte mich zu Korrekturen an, damit ich sein Lob bekam.»

War Karolyi nichts als ein Nörgler? Ganz und gar nicht. Bei anderen Schülerinnen ging er ganz anders vor. Retton hat nie vergessen, wie Karolyi mit ihrer Mannschaftskameradin Julianne McNamara umging. «Sie ist ein ganz anderer Mensch als ich», erklärt Retton. «Sie ist sehr viel ängstlicher, etwas zurückhaltend. Zu ihr war er sehr liebevoll. Wenn sie nicht die gewünschte Korrektur machte, ging er zu ihr und hielt ihren Körper so, wie es sein sollte, und sprach ganz ruhig mit ihr. Zu ihr war er immer sehr viel freundlicher. Er behandelte jede von uns nach ihrer individuellen Persönlichkeit, und ich glaube, das ist sehr wichtig.»

Machen Sie jedes Mitglied für das Teamergebnis verantwortlich. Die Menschen müssen das Gefühl haben, daß ihr Beitrag wichtig ist. Sonst sind sie nicht ganz bei der Sache.

Machen Sie das Vorhaben zu dem des Teams. Lassen

Sie so viele Entscheidungen wie möglich im Kreis der Gruppe fällen. Animieren Sie zur Mitarbeit. Schreiben Sie keine Lösungen vor. Bestehen Sie nicht darauf, daß etwas auf eine bestimmte Art gemacht wird.

Der Lorbeer für alle – wenn es schiefgeht, halten Sie den Kopf hin. Wenn das Team gute Arbeit leistet und Anerkennung erhält, ist es Sache des Chefs, das publik zu machen. Ein Schulterklopfen im Kreis der Kollegen, eine Prämie der Geschäftsführung, eine lobende Erwähnung in der Firmenzeitschrift – wie immer diese Anerkennung aussieht, möglichst viele sollten an ihr teilhaben.

Denis Potvin, ehemaliger Kapitän des Eishockeyclubs New York Islanders, wußte, wie man den Ruhm teilt, als seine Mannschaft den Stanley Cup gewann. Und wenn er es nicht gewußt hätte, verstand der Trainer Al Arbour genug vom Mannschaftssport, um ihn daran zu erinnern. «Denk dran, daß auch die anderen den Cup in die Hand bekommen», flüsterte der Trainer Potvin zu, Sekunden, nachdem die Schlußsirene im Meisterschaftsspiel ertönt war.

«Ich war sehr beeindruckt», erzählt Potvin. «Hier ist ein Mann, der die Mannschaft fest im Griff hat. Er dachte noch an seine Spieler, obwohl er gerade den Stanley Cup gewonnen hatte.»

Die Menschen lieben es, gelobt zu werden. Es spornt sie an, alles zu geben, und weckt in ihnen den Wunsch, wieder mit demjenigen zusammenzuarbeiten, der sie zu diesem Erfolg geführt hat. Und diese Aufmerksamkeit hat noch etwas für sich: Der Leader bekommt am Ende ebenfalls reichlich Anerkennung.

Wenn es Kritik gibt, seien Sie klug, und gehen Sie genau entgegengesetzt vor. Zeigen Sie nicht auf andere. Beklagen Sie sich niemals über das «schwache Glied» in der Kette. Machen Sie weiter und nehmen Sie alle Anschuldigungen auf sich. Und sprechen Sie dann allein mit der Mannschaft darüber, wie man die Ergebnisse verbessern könnte, und stimmen Sie sie darauf ein, es beim nächsten Mal besser zu machen.

Nutzen Sie jede Gelegenheit, dem Team Vertrauen einzuflößen. Ein guter Leader glaubt fest an seine Mannschaft und macht das jedem Mitglied deutlich.

Diese Lektion übt die Kindergärtnerin Barbara Hammerman mit ihren Kindern ein, aber sie gilt genauso in der Fabrik oder in der Vorstandsetage. «Ich versuche, einen Klassengeist im Raum aufzubauen», sagt sie. «Für die Kinder meiner Gruppe sind wir die beste Gruppe, und es gibt eine Art Übereinkunft, daß wir die Gruppe nicht enttäuschen wollen – einer für alle und alle für einen – und daß wir bestimmte Maßstäbe haben, die festgelegt und überprüft und das ganze Jahr hindurch ständig erneuert werden. Die Kinder begreifen diese Maßstäbe sehr wohl.»

Sie werden durch diese Standards nicht eingeschüchtert. «Sie wollen ihnen gerecht werden, weil wir eine tolle

Truppe sind», erklärt die Kindergärtnerin. «Wer möchte sich nicht als Teil einer wunderbaren Gruppe fühlen? Wenn sie von anderen gelobt werden, erkennen sie den Fortschritt, den sie machen, und die Veränderungen bei sich. Und sie sind ganz einfach mit sich zufrieden.»

Engagieren Sie sich, bleiben Sie engagiert. In den alten pyramidenartig organisierten Unternehmen war es für den Chef relativ einfach, Distanz zu halten. Schließlich war er immer von einem Heer Dienstbeflissener umgeben, die nur darauf warteten, die neuesten Weisheiten des Chefs an das Fußvolk weiterzugeben.

Diese Methode ist in der neuen, teamorientierten Welt passé. Die starke Führungspersönlichkeit muß sich selbst engagieren und es auch bleiben. Stellen Sie sich den Leader als den Kommandeur eines Flugzeugträgers an Deck stehend vor. Flugzeuge landen. Andere starten. Das Schiff muß Kurs halten und vor Angriffen geschützt werden. All diese Überlegungen müssen berücksichtigt werden.

Der Leader muß wirklich *dasein*. «Man muß Erfahrung haben, und man muß zuhören», sagt Jack Gallagher, Direktor eines Universitätskrankenhauses im Bundesstaat New York. «Aber nach einiger Zeit, wenn man genug Erfahrung hat, wenn man hart genug arbeitet, wenn man geschickt genug ist, wenn man seine Hausaufgaben macht, bekommt man das richtige Gefühl für all diese startenden und landenden Maschinen und all das Drumherum.»

Man kann nicht immer einen minutiösen Schlachtplan ausarbeiten. «Man muß ein Gespür dafür haben, und man muß die Fühler ausstrecken, die Fühler im Hinterkopf», sagt Gallagher. «Sicher, es geht zuviel um uns herum vor, und alles wird immer komplexer. Doch ein gewisses Gespür kann man entwickeln.»

Seien Sie ein Mentor. Aufgabe einer Führungskraft ist es, Begabungen zu fördern und die Mitglieder des Teams zu stärken. Das gilt kurzfristig, da die Teammitglieder sich mit aktuellen Aufgaben befassen. Aber es gilt auch langfristig: Ein Leader muß echte Verantwortung für das Leben und die Karriere der Teammitglieder übernehmen.

«Wie möchtest du dich verbessern?» – «Wohin soll dein Berufsweg dich führen?» – «Welche neuen Verantwortungen möchtest du übernehmen?» Es ist Ihre Aufgabe als Führungskraft, all diese Fragen zu stellen und all Ihr Wissen und Ihre Erfahrung einzusetzen, um den Teammitgliedern das Erreichen dieser Ziele zu ermöglichen.

Bekräftigen Sie das Vertrauen, das Sie in ihre Fähigkeiten haben. Geben Sie Standards vor, an denen sie sich messen können. Sprechen Sie Belobigungen öffentlich aus: «Sally hat einen phantastischen Bericht abgeliefert.» Verschicken Sie kleine Privatnotizen: «Das war ein interessanter Beitrag heute morgen, Sie haben uns allen klargemacht, wo wir stehen sollten.» Und denken Sie daran: Wenn Ihre Mitarbeiter erfolgreich sind, sind Sie es auch.

Am Institut für Betriebswirtschaft der Harvard-Universität werden neue Fakultätsmitglieder nicht einfach ins kalte Wasser geworfen.

«Alle sieben oder acht Lehrkräfte, die unseren Einführungskurs für Marketing leiten, kommen jede Woche vier Stunden zusammen, um die im Unterricht anstehenden Fallbeispiele zu besprechen und wie sie didaktisch am besten angegangen werden können», erklärt Professor John Quelch. «Sie erörtern auch, wie es in der letzten Woche gelaufen ist, was verbessert werden müßte und so fort. Auf diese Weise erhalten neu berufene Lehrkräfte Unterrichtstips von unseren erfahreneren Lehrkräften.»

Die älteren Fakultätsmitglieder bieten auch Hilfe anderer Art an. Drei- oder viermal pro Semester nehmen sie an Lehrveranstaltungen eines neuen Professors teil. Sie kommen, um zu helfen, nicht, um zu bewerten. «Sie haben zum Teil die Rolle eines Trainers», erklärt Quelch, «und sollen nicht etwa einen Bericht für die Akten verfassen, der über eine Beförderung entscheidet. Unser Ziel ist, das neue Fakultätsmitglied, in das wir investiert haben, im Interesse unserer Studenten möglichst effizient zu machen.»

Nach dem Unterricht gibt das erfahrene Fakultätsmitglied vielleicht Ratschläge sowohl für kurz- als auch langfristige Verbesserungen. «Was ich versuchen würde, einem neuen Fakultätsmitglied zu sagen», fährt Quelch fort, «ist: ‹Hier sind fünf Dinge, die Sie beim nächsten Mal berücksichtigen können und die sich positiv auf Ihre Akzeptanz bei den Studenten auswirken.› Dazu kann etwas so scheinbar Banales gehören wie an der Tafel größer zu schreiben. Oder: ‹Achten Sie darauf, sich nicht dauernd in der Nähe der Tafel aufzuhalten und die Klasse von nur einem Bereich vorn zu unterrichten.›»

In einem Nachruf auf den amerikanischen Präsidenten Franklin D. Roosevelt steht: «Der letzte Beweis für das Format eines Leaders ist, daß er bei anderen das Bewußtsein und den Wunsch hinterläßt, in seinem Sinn weiterzumachen.»

Befolgen Sie diese wenigen einfachen Methoden, und erleben Sie, wie Ihr Team Erfolge verbucht. Der größte Lohn, der einem Leader zuteil werden kann – das wichtigste Erbe, das er hinterlassen kann –, ist eine Gruppe begabter, selbstbewußter und kooperativer Männer und Frauen, die in der Lage sind, selbst zu führen.

Mannschaftsspieler sind die Führungskräfte von morgen.

8 Die Würde des anderen achten

Chrysler baute eine Spezialanfertigung für Franklin D. Roosevelt, der keinen normalen Wagen benutzen konnte, weil seine Beine gelähmt waren. W. F. Chamberlain und ein Mechaniker lieferten den Wagen im Weißen Haus ab. Mr. Chamberlain berichtete mir später in einem Brief:

«Ich brachte Präsident Roosevelt bei, wie man einen Wagen mit einigen ungewöhnlichen Extras bedient, aber er brachte mir eine Menge über die hohe Kunst des Umgangs mit Menschen bei.

Als ich im Weißen Haus anrief, war der Präsident äußerst freundlich und heiter. Er nannte mich beim Namen, erreichte, daß ich mich sehr wohl fühlte, und beeindruckte mich besonders dadurch, daß er sich lebhaft für Dinge interessierte, die ich ihm zeigen und erklären mußte.

Der Wagen war so gebaut, daß er komplett von Hand bedient werden konnte. Eine Menschentraube versammelte sich um den Wagen, und er bemerkte: ‹Das ist phantastisch. Man braucht nur einen Knopf zu drücken, und er bewegt sich fort, und man kann ihn ohne Mühe fahren. Wirklich großartig. Wenn ich Zeit hätte, würde ich ihn auseinandernehmen und nachsehen, wie das alles funktioniert.›

Als Roosevelts Freunde und Mitarbeiter den Wagen bewun-

derten, sagte er in ihrem Beisein: ‹Mr. Chamberlain, ich danke Ihnen für all die Zeit und Mühe, die Sie in die Entwicklung dieses Wagens gesteckt haben. Es ist ein Prachtstück.› Er bestaunte den Kühler, den speziellen Rückspiegel und die Uhr, die besondere Deckenleuchte, die Polsterung, die Sitzposition des Fahrers, die extra Koffer im Kofferraum mit seinem Monogramm. Mit anderen Worten, er besah jedes Detail, von dem er wußte, daß ich lange darüber nachgedacht hatte. Er legte großen Wert darauf, seine Frau und seinen Sekretär auf die verschiedenen Ausstattungsmerkmale aufmerksam zu machen. Er brachte sogar den alten Portier des Weißen Hauses ins Bild, zu dem er sagte: ‹George, achten Sie bitte besonders auf die Koffer.›

Als die Fahrstunde beendet war, sagte der Präsident zu mir: ‹Mr. Chamberlain, die Herren von der Bundesbank warten schon eine halbe Stunde. Ich glaube, ich muß wieder an die Arbeit.›»

Dale Carnegie

Don Monti war sechzehn, als seine Familie die schreckliche Nachricht erfuhr, daß Don Leukämie hatte und nach Meinung der Ärzte nur noch etwa zwei Wochen zu leben hatte.

«Wir waren in Dons Zimmer im Krankenhaus», erinnert sich seine Mutter. «Es war kurz nach der Diagnose. Wir waren sehr darauf bedacht, daß er nichts von seiner tödlichen Krankheit erfuhr. Wir baten auch Dr. Degnan, ihm nichts zu sagen. Wir sagten es auch den Schwestern. Wir wahrten den Anschein.»

Am gleichen Abend setzten sich Dons Eltern über die Krankenhausvorschriften hinweg und kochten ihrem Sohn in seinem Zimmer ein Abendessen. «Er aß so gerne breite Nudeln Alfredo», erinnert sich seine Mutter. «Wir schlossen die Tür und kochten breite Nudeln Alfredo für ihn. Plötzlich klopfte es an der Tür, und Dr. Degnan kam herein. Ich hielt den Atem an. Ich dachte: ‹Mein Gott, was wird er sagen?›

Dr. Degnan warf einen Blick auf den Tisch und sagte: ‹Oh, das ist mein Lieblingsgericht.› Er setzte sich einfach, und wir bedienten ihn.»

Dr. Degnan hatte Achtung vor der persönlichen Würde seines Patienten und dessen Familie. Er berief sich nie auf seine Position. Er setzte sich einfach zu den Montis und behandelte sie wie Menschen. Der einzige Weg, ein vertrauensvolles Verhältnis aufzubauen, geht über die Achtung der Würde des anderen.

Burt Manning, Chef einer großen Werbeagentur, war vor nicht langer Zeit eingeladen, vor jungen Werbetextern zu sprechen. Diese Männer und Frauen, die meisten in den Zwanzigern und Anfang Dreißig, taten gerade die ersten Schritte in diesem umkämpften, oft mörderischen Beruf und waren begierig, ein paar Tricks von einer Werbelegende wie Manning zu erfahren, der schon so lange an der Spitze war wie einige von ihnen auf der Welt.

«Grips und Begabung und Energie sind lediglich das Startgeld für das Rennen», sagte Manning seinen gespannt lauschenden Zuhörern an dem Tag. «Ohne sie kommen Sie gar nicht erst rein.»

Aber diese Gaben reichen nicht – nicht auf lange Sicht. «Um zu gewinnen, brauchen Sie noch etwas», sagte er. «Um zu gewinnen, müssen Sie das Geheimnis kennen und danach leben. So einfach ist das. Und was ist das für ein Geheimnis? Es lautet: *Behandle andere so, wie du selbst behandelt werden möchtest.*»

Das ist die goldene Regel, mitten auf der Madison Avenue, der Weltmeile der Werbung. Manning bemühte für seine Gedanken nicht die Religion, die Ethik, die Selbstverwirklichung oder den Unterschied zwischen Gut und Böse, auch wenn er den jungen Werbetextern erklärte, daß all das gute Gründe sind, seinen Rat zu befolgen.

«Selbst wenn Sie der eigensüchtigste Mensch der Welt sind, selbst wenn Sie sich nur für sich selbst, für Geld, Ansehen und Fortkommen interessieren», sagte ihnen der Werbeveteran, «der sicherste Weg, es ganz weit zu bringen, ist der, unbeirrt dieser goldenen Regel zu folgen.»

Der Direktor eines Unternehmens, der Lehrer in der Schule, der Angestellte im Supermarkt – sie alle kommen weiter, leisten mehr und fühlen sich wohler, wenn sie diese eine einfache, uralte Regel beherzigen: Was du nicht willst, daß man dir tu, das füg auch keinem andern zu. Oder etwas moderner ausgedrückt: Achte den anderen. Dann achtet er auch dich.

Die Welt von heute ist kein Club alter Herren mehr. Sie ist ein weit stärker integrierter, vielfältiger Ort als noch vor einer Generation. Und nirgendwo wird diese Vielfalt deutlicher als in der Welt der Wirtschaft.

Damit man in dieser gewandelten Umwelt Erfolg hat, ist es unumgänglich, gut mit anderen auszukommen, egal, welche soziale oder kulturelle Herkunft der einzelne hat.

«Nur fünfzehn bis zwanzig Prozent derjenigen, die im 21. Jahrhundert in das Arbeitsleben eintreten, sind keine Angehörigen einer Minderheit, Frauen oder Einwanderer», prophezeit der Chef von Corning. «Und wenn Sie nicht nur fünfzehn Prozent des Potentials da draußen nutzen wollen, stellen Sie sich besser ganz schnell auf diese Vielfalt ein.»

Der beste Weg, eine andere Kultur – oder auch sonst Andersartiges – respektieren zu lernen, ist der, sie kennenzulernen. Das war auch in erster Linie das, was den verstorbenen Arthur Ashe zum Profitennis gezogen hat. «Ich wußte, daß ich da viel reisen muß», sagte er. «Aber darauf habe ich mich gefreut. Ich wollte in all diese Länder. Ich wollte all das sehen, wovon ich bis dahin nur in Zeitschriften gelesen hatte.

Wenn ich heute zurückblicke», sagte Ashe in einem Interview kurz vor seinem Tod, «gehört dieser Austausch mit den unterschiedlichsten Leuten aus den unterschiedlichsten Kulturen für mich zu den wertvollsten, bleibenden Erinnerungen.

Man kann das Reisen auf zwei Arten betrachten», sagte Ashe. «Man kann eine ganz hochtrabende Meinung von der eigenen Kultur haben. Man reist zu anderen Orten und blickt gönnerhaft auf Menschen herab, die Zivilisationen entstammen, die viele tausend Jahre älter als die eigene sind. Sie sind vielleicht technologisch nicht so weit, und man hält das eigene System für besser. Man kann es aber auch anders sehen und sich sagen: ‹Ja, ihre Lebens- und sonstigen Umstände sind nicht gut. Aber welch ein reiches kulturelles Erbe haben sie. Seit zehntausend Jahren leben sie hier, da müssen sie doch einiges wissen. Wir sind erst seit rund zweihundert Jahren hier.› Ich ziehe diese zweite Sichtweise entschieden vor.»

Selbst benachbarte Länder sehen sich oft ganz unterschiedlich. Diese Unterschiede müssen erkannt, geachtet und dürfen nie geringgeschätzt werden. Diese Erfahrung machte der Deutsche Helmut Krings auf seinen zahllosen Reisen zwischen Deutschland und der Schweiz. Krings ist Direktor bei einem führenden Hersteller von Workstations.

«Ich vermeide Vergleiche», sagt er. «Ich vermeide nach Möglichkeit jeden Hinweis auf Deutschland. Was die Menschen am meisten ärgert, ist, wenn man ständig erklärt, daß das, was man zu Hause macht, richtig ist, und damit suggeriert, daß sie es in ihrem Land nicht richtig machen.»

Jeder Mensch wünscht sich, daß seine Sprache und Kultur geachtet wird. Das ist etwas ganz Natürliches. Melchior Wathelet, stellvertretender belgischer Premierminister, wuchs in einer Französisch sprechenden belgischen Familie auf. Schon sehr früh in seiner politischen

Laufbahn beschloß Wathelet, die Sprachschranke seines Landes dadurch zu überwinden, daß er Flämisch lernte, die zweite offizielle Landessprache. So wurde er Belgiens erster Politiker, der beide Landessprachen beherrschte. Er bewies Achtung vor allen Menschen des Landes. Er wurde zum nationalen Symbol der Einheit und durchlief eine steile politische Karriere. Er hatte gelernt, mit der Vielfalt zu leben.

Wie lebt man heute vernünftig mit der Vielfalt auf den Chefetagen, in den Universitäten, den großen Verkaufsbüros, den gemeinnützigen Unternehmen, den Regierungen? Der erste Schritt ist elementar: *Versetzen Sie sich in die Lage des anderen.* Der andere ist ein Mensch, der lebt und atmet wie Sie. Er steht zu Hause unter Druck. Er möchte erfolgreich sein. Er möchte genauso würde-, respekt- und verständnisvoll behandelt werden wie Sie selbst.

«Wichtig ist», sagt der Vorstand einer Bank, «wie die Menschen im täglichen Umgang behandelt werden. Die Menschen möchten als Individuen behandelt und respektiert werden. Das war so, als ich vor dreißig Jahren in das Bankgeschäft gekommen bin, und es wird auch, wie ich glaube, in hundert Jahren noch so sein.»

Was zählt, ist nach Ansicht des Bankers, «die Menschen mit Achtung zu behandeln. Kleinigkeiten wie ‹guten Morgen› und ‹danke schön›. Ich meine, daß es die Aufgabe der Unternehmensführung ist, ein Klima zu schaffen, in dem die Menschen ihr Bestes geben können.» Dieses Klima besteht dort, wo die Menschen das Gefühl haben, wie Individuen behandelt zu werden. Es fehlt, wo sie den Eindruck haben, nur eine Nummer zu sein.

Die meisten erfolgreichen Menschen haben mit den Jahren gelernt, daß man es selten mit einer einzigen oder wenigen großen Gesten erreicht, anderen das Gefühl zu vermitteln, wichtig zu sein. Das ist vielmehr ein Prozeß, der aus vielen kleinen Bekundungen besteht.

Adriana Bitter, Chefin der Textilfirma Scalamandré Silks, hat erfahren, wie stark diese Einstellung ist. Für die Stoffbranche waren die späten achtziger und frühen neunziger Jahre eine schwere Zeit, doch das Unternehmen überlebte, weil es mit den Beschäftigten an einem Strang zog. «Unsere Mitarbeiter waren einfach wunderbar und haben mit uns angepackt, um durchzukommen», erklärt Bitter. «Sie waren großartig, und ich glaube, sie haben sich damit für das vertrauensvolle Verhältnis revanchiert. Wenn wir diese Vertrautheit nicht hätten, warum sollten sie uns dann etwas zurückgeben? Sehen Sie, man muß etwas geben, wenn man etwas wiederhaben möchte. Das ist jedenfalls unsere Einstellung.»

Wie schafft man diese Vertrautheit? Indem man den Menschen, mit denen man zusammenarbeitet, Achtung und Mitgefühl und Würde entgegenbringt, indem man anerkennt, daß sie Menschen sind, die auch außerhalb des Arbeitsumfelds existieren.

Diese Regeln gelten auch in der Versicherungsbranche, wie ein Versicherungsmanager weiß. Die kleinen Bekundungen sind auch im Versicherungsgeschäft alles. In der Versicherungsbranche sind die Außendienstmitarbeiter das Herzstück des Unternehmens. Wenn sie nichts verkaufen, gibt es bald kein Unternehmen mehr. So einfach ist das.

Vor Jahren arbeitete besagter Versicherungsmanager für einen Versicherungsmulti. Als das Unternehmen in ein neues Verwaltungsgebäude zog, in dem auch einige andere Firmen Büros hatten, wollte er sicherstellen, daß diese wichtigen persönlichen kleinen Bekundungen in der allgemeinen Hektik nicht untergingen. Er ging in dem neuen Gebäude deshalb als erstes zu den Sicherheitsleuten am Empfang. «Ich rief die Leute zusammen, die für die Sicherheit arbeiteten, zehn oder zwölf Mann», erinnert sich der Manager. «Sie wußten nicht einmal, daß ihr Arbeitgeber im Versicherungsgeschäft tätig war, und kannten gerade mal den Namen des Unternehmens. Ich sagte: ‹Hören Sie, wir haben in Detroit einige besonders wichtige Versicherungsvertreter, und wenn Sie merken, daß jemand, der hier reinkommt, einer unserer Mitarbeiter im Außendienst ist, rollen Sie den roten Teppich aus. Tun Sie, was Sie tun müssen. Wenn Sie den Besucher in den siebten Stock bringen müssen, damit er die Person findet, mit der er verabredet ist, tun Sie es.› Ich hörte später großes Lob von einigen unserer Mitarbeiter darüber, wie sie beim Eintritt in das Gebäude empfangen worden waren.»

All diese kleinen Bekundungen addieren sich zu einem

großen Ganzen: Die Leute fühlen sich wohl. Wer das Gefühl hat, daß sein Unternehmen sich um ihn kümmert und seine Nöte versteht, wird wahrscheinlich damit reagieren, daß er sich bei der Arbeit voll einsetzt und versucht, die Ziele des Unternehmens voranzubringen.

Dale Carnegie hat oft die Geschichte von Jim Farley erzählt, dem Wahlkampfmanager von Franklin D. Roosevelt. Farley machte es sich zur Angewohnheit, sich den Namen jedes Menschen zu merken, mit dem er zusammenkam, und ihn auch zu nutzen. Das hieß, sich an Tausende von Namen zu erinnern. Während der Kampagne zur Wiederwahl Roosevelts reiste Farley mit dem Schiff, dem Zug und dem Auto von Stadt zu Stadt und lernte bei jedem Halt Hunderte von Leuten kennen. Als er nach Wochen auf der Straße wieder nach Hause kam, war er ausgepumpt. Aber er ruhte erst, als er eine Aufgabe erledigt hatte, die er für unerläßlich hielt: Er schickte allen, die er im Verlauf der Kampagne kennengelernt hatte, einen persönlich unterschriebenen Brief. Und jeder Brief trug die persönliche Anrede: Lieber Bill oder liebe Rita.

Sprechen die Menschen heute noch auf solche Kleinigkeiten an? Und ob sie das tun. Einen Anruf erwidern, sich einen Namen merken, jemandem mit Achtung begegnen – das ist mit das wichtigste, was eine Führungskraft tun kann. Diese Grundlagen, so ein Werbefachmann, «sind es, die wirken. So setzen sich Führungskräfte von der Masse ab, indem sie diese grundlegenden Dinge beherzigen und im Alltag anwenden.»

Bei einem Besuch im Büro dieses Werbefachmanns fiel einem Besucher eine kleine Geste auf. In dem Büro gab es nur einen Kleiderhaken. Der Werbemann nahm den Mantel des Besuchers und hängte ihn dort auf. Den eigenen Mantel warf er über einen Stuhl. Banal? Vielleicht, aber denken Sie nicht, es wäre unbemerkt geblieben. Das sind die kleinen Bekundungen, die eine Botschaft vermitteln: «Mir liegt an dir. Deine Sorgen sind auch meine. Wir sitzen in einem Boot.» So kann man ein wirklich positives Umfeld schaffen.

Und um dieses Umfeld zu stärken, gibt es nichts Besseres, als den zweiten Schritt der goldenen Regel zu tun: *Behandeln Sie Angestellte wie Kollegen, nicht von oben herab, nicht im Befehlston und nicht mit Schelten.* Schließlich sind sie Ihre Mitarbeiter, nicht Ihre Bediensteten oder besten Freunde. Behandeln Sie sie also dementsprechend. Beachten Sie das menschliche Miteinander, das für alle im Unternehmen gilt. Den großen Boß mimen bringt nichts außer Abneigung gegen den, der sich da aufplustert.

Ihre Stellung verleiht ihnen so viel Ansehen, warum verfallen dennoch so viele Manager in die Angewohnheit, ihre Mitarbeiter zu demütigen und anzuschreien? Der Grund dafür liegt häufig in einer geringen Selbstachtung. «Manager sind exponiert», sagt ein maßgeblicher Finanzmanager. «Sie stehen in der Schußlinie. Ich habe oft erlebt, daß jemand in einer schwierigen Situation ein unnatürliches Verhalten angenommen hat. Ich denke da an einige Leute, die ich seit Jahren kenne und die den coolen

Manager zu spielen versuchten, es aber gar nicht waren. Es ist eine Maske, vielleicht weil sie sich nicht wohl in ihrer Haut fühlen.»

Funktioniert das? Fast nie. «Sie neigen dazu, andere zu beschimpfen, und versuchen, sich dadurch Respekt zu verschaffen, daß sie die Leute herumkommandieren oder launenhaft sind», erklärt der Finanzmanager, «und das bewirkt im allgemeinen genau das Gegenteil.» Der Grund liegt auf der Hand: Menschen reagieren selten positiv auf Einschüchterung.

Es ist sehr viel wirksamer, wenn Ihre Angestellten erleben, daß auch Sie nur ein Mensch sind. Behandeln Sie die Menschen wie Ihresgleichen, als etwas Wertvolles, nicht wie ein Maschinenteil Ihres Unternehmens. Erforderlich ist, sich von Positionen und Titeln zu trennen, wie sie in der Vergangenheit gesehen wurden. Betrachten Sie sich als jemand, der lediglich seinen Beitrag leistet.

Für manchen Wirtschaftsführer bedeutet das ein völlig neues Verständnis der Beziehung zwischen Angestellten und Chef. Es muß der richtige Ton getroffen werden, damit Achtung und offene Kommunikation entstehen können. Unser Finanzmanager meint: «Ich glaube, man muß sich ein gewisses Maß an Bescheidenheit bewahren. Es ist in der Wirtschaft so einfach zu glauben, daß wir so wichtig sind, wie unsere Titel das suggerieren, oder so klug, wie unsere Stellung besagt, und zwar je höher wir kommen.» Vor einigen Jahren entdeckte er eine großartige Möglichkeit, sich daran zu erinnern, daß er trotz seiner hochtrabenden Titel genau wie jeder andere ist, mit dem er zusammenarbeitet. «Ich war mit Anfang Dreißig Bankdirektor und kam mir deswegen sehr bedeutend vor», erinnert er sich. «Wenn ich dann nach Hause kam und das Baby naß war und schrie, mußte ich die Windeln wechseln. Das holte mich sofort auf den Boden zurück und ließ mich die Dinge im richtigen Verhältnis sehen. Letztlich sorgten meine Kinder dafür, daß ich nicht abhob.»

Versetzen Sie sich in die Lage des anderen. Seien Sie nicht herablassend. Beides ist wichtig. Und der dritte Schritt der goldenen Regel: *Verpflichten Sie die Menschen.* Fordern Sie sie heraus. Fordern Sie ihren Einsatz. Fördern Sie ihre Mitarbeit.

Die Arbeit spielt im Leben Ihrer Mitarbeiter in den meisten Fällen eine genauso große Rolle wie in Ihrem eigenen. Es ist fast sicher, daß sie einbezogen werden möchten. Sie wollen gefordert und beansprucht werden. Sie möchten nicht, daß ihre Ansichten übergangen werden.

Wer sich für das, was er macht, begeistert und engagiert, macht es auch gut. Ein Computermanager sagt dazu: «Die Mitarbeiter wollen das Gefühl haben, etwas zu gelten, das Gefühl, etwas zu bewirken, das Gefühl, Einfluß zu haben.»

Wie kann man ein solches Gefühl wecken? Indem man seinen Mitarbeitern Vollmachten gibt, sie fordert, sie an der Planung der Firma beteiligt. Dazu ein Firmenchef: «Das wichtigste ist meiner Meinung nach, daß die Mitarbeiter Aufgaben haben, von denen sie glauben, daß sie ihren Fähigkeiten angemessen sind oder vielleicht sogar etwas darüber hinausgehen. Ich glaube, das wichtigste an der Motivation ist der Versuch, die Aufgabe so mit dem einzelnen zu verbinden, daß sie eine echte Herausforderung darstellt, daß sie Erwartungen weckt.»

Die Firma Rubbermaid hat das früh erkannt. Sie leistete radikale Pionierarbeit bei der Übertragung von Entscheidungsbefugnis auf die Mitarbeiter. Als Rubbermaid Ende der achtziger Jahre eine millionenteure neue Anlage planen mußte, entschieden die Bosse nicht von oben. Rubbermaid überließ die Projektführung vielmehr den Beschäftigten, also denen, die am Ende tatsächlich mit der Anlage arbeiten mußten. Wolfgang Schmitt erklärt: «Wir haben ein sechsköpfiges Team zusammengestellt. Es waren alles Mitarbeiter aus der Produktion und einer aus der Geschäftsführung. Sie besuchten die Firmen, die solche Anlagen herstellen, und machten die Vorgaben. Sie empfahlen, welche Anlage gekauft werden sollte. Sie reisten nach Europa, in diesem Fall nach Deutschland, um die Maschinen kennenzulernen. Dann kamen sie mit den Leuten des Lieferanten zurück und stellten sie auf. Sie leiteten alles. Sie planten alles. Sie stellten die Qualität sicher. Sie übernahmen die vorbeugende Wartung.»

Für Rubbermaid waren die Ergebnisse dieses Vorgehens überwältigend. Das Unternehmen hat eine der geringsten Beschäftigungsfluktuationen der Branche, und die Beschäftigten arbeiten wirklich. Von 1982 bis 1992 zahlte Rubbermaid eine Durchschnittsrendite von 25,7 Prozent an seine Investoren.

Bill Makahila nennt die Bevollmächtigung seiner Beschäftigten eine seiner wichtigsten Aufgaben. Es ist oft schwierig. Es erfordert, den Beschäftigten ein Gefühl des Vertrauens einzuflößen, «das ihnen hilft, die eigenen Gedanken und Vorstellungen zu verarbeiten und das dann sich setzen zu lassen, damit sie Selbstbewußtsein erlangen, ihre Fähigkeiten zu nutzen und auszuüben», sagt Makahila. Es verlangt, sich im Hintergrund zu halten, die Entscheidungen zu fördern, nicht, sie an sich zu reißen.

«Für mich gibt es so etwas wie eine richtige oder falsche Entscheidung gar nicht», sagt er. «Ich muß einem Arbeitnehmer die volle Befugnis geben, eine Entscheidung zu treffen. Und wenn es nicht die beste Entscheidung gewesen ist, die getroffen wurde, sprechen wir darüber. Wenn es jedoch die beste Entscheidung ist, bestätige ich ihm das und helfe ihm, es zu erkennen.»

Es ist schwer, aber die Ergebnisse rechtfertigen die Mühe. Die Angestellten identifizieren sich mit dem, was sie tun. Vielleicht hat es ein Unternehmer am besten ausgedrückt: «Ich glaube, am allerwichtigsten, vor allem für die ausgebildeten, professionellen, intelligenten Arbeitnehmer, ist die Frage der Selbstverwirklichung. So ist der Gedanke der ständigen Verbesserung und des Wachstums in der Entwicklung ihrer Fähigkeiten letzten Endes das wichtigste für die Motivation der Menschen.»

Behandeln Sie die Menschen gut, behandeln Sie sie wie

Ihresgleichen, und binden Sie sie in die Teamarbeit ein. Es gibt nur eine wirkliche Möglichkeit, menschenwürdige Arbeitsverhältnisse zu schaffen: *Gestalten Sie die Organisation im großen wie im kleinen menschlich.*

Symbolische Bemühungen können hier viel bewirken. Kommen Sie beispielsweise hinter Ihrem mächtigen Chefschreibtisch hervor. Die Geschäftsführerin eines amerikanischen Unternehmens hat einen kleinen Konferenztisch in ihrem Büro, den sie auch benutzt. «Wir unterhalten uns dort», sagt sie. «Ich setze sehr oft über Mittag eine Sitzung an, und da bringe ich immer etwas zum Essen für diejenigen mit, die über die Mittagspause dabei sind. Das macht das Ganze zwangloser und nicht so formell, und es zeigt auch, daß wir die Zeit der Mitarbeiter respektieren.»

Der Chef eines amerikanischen Dienstleistungsunternehmens geht über symbolische Gesten hinaus. Für ihn ist die menschenwürdige Gestaltung eines Unternehmens so wichtig, daß er sogar die Fabriken und Gebäude seines Unternehmens entsprechend angeordnet hat. «Ich meine, die Arbeit an einem einzigen Ort zusammen mit zehn-, fünfzehn- oder zwanzigtausend Menschen ist für jeden Beschäftigten eine Qual», sagt er. «Ich will sagen, ich kann es mir nicht vorstellen, aus dem Wagen zu steigen und gemeinsam mit zehntausend Menschen über den Parkplatz in einen riesigen Werkskomplex zu marschieren. Ich würde mich ständig fragen: ‹Wenn ich mich jetzt in Luft auflöse, würde das überhaupt jemand merken?› Wahrscheinlich nicht.»

Ein Arbeiter, der sich so isoliert vorkommt, wird keine sehr starke Bindung an ein Unternehmen entwickeln. Die Küchenfirma Corning erkannte das und hat eine Lösung gefunden. Das Unternehmen ist an 32 verschiedenen Standorten tätig. Einer davon ist mit 1900 Beschäftigten groß, die anderen haben zwischen 300 und 600 Beschäftigte.

Und die Ergebnisse? «Bei uns kennen und begrüßen sich die Leute mit Namen», sagt der Firmenchef. «Wenn sie sich in Luft auflösten, würde das sehr wohl jemand merken. Andere würden sie vermissen, weil sie in einem überschaubaren Betrieb arbeiten. Jeder weiß, wie der andere mit Vornamen heißt. Es ist großartig.»

Wolfgang Schmitt von Rubbermaid, dem Heimprodukthersteller, stimmt dem zu. Deshalb versucht er auch, seine Anlagen in der Größenordnung von 400 bis 600 Beschäftigten zu halten. Warum gerade diese Größe? Um Geld zu sparen? Eigentlich nicht. «Was wir für wirklich entscheidend halten, sind die zwischenmenschlichen Beziehungen», erklärt Schmitt. «Wenn man über die Zahl 400 bis 600 hinausgeht, schwindet, wie wir meinen, die persönliche Seite in der Beziehung zum anderen, das Verständnis, das Einfühlungsvermögen. Man muß anfangen aufzuteilen, um künstlich Verständnis zu schaffen, statt es sozusagen organisch vor sich zu haben. Es ist also sowohl aus menschlicher Sicht wie auch aus reinen Kostengründen vernünftig, in etwa diesen Größenordnungen zu bleiben.»

Das sind Fragen von größter Tragweite, und sie richten sich keineswegs nur an Topmanager. Wir alle – in welcher Position auch immer – kommen weiter und leisten mehr, wenn wir die Bedeutung und die Würde des anderen achten, ungeachtet seiner Position, Herkunft oder Beziehung zu uns.

Dieser Gedanke ist nicht neu. Schon vor vielen Jahren hat Dale Carnegie ihn auf Menschen in der ganzen Welt angewandt. «Haben Sie das Gefühl, den Japanern überlegen zu sein?» fragte Carnegie. «Die Wahrheit ist, daß die Japaner sich Ihnen weit überlegen fühlen. Fühlen Sie sich den Hindus in Indien überlegen? Das ist Ihr gutes Recht. Aber eine Million Hindus fühlen sich Ihnen weit überlegen.

Jeder Staat fühlt sich anderen Staaten überlegen. Das ist der Nährboden für Patriotismus und Kriege.

Die ungeschminkte Wahrheit ist, daß fast alle Menschen, die Sie kennenlernen, sich Ihnen auf irgendeine Weise überlegen fühlen. Und ein sicherer Weg zu ihrem Herzen ist der, sie auf diskrete Art merken zu lassen, daß Ihnen ihre Bedeutung in der Welt bewußt ist, und zwar aufrichtig bewußt.»

> Achtung und Respekt sind das Fundament wahrer Motivation.

9 Anerkennung, Lob und Belohnung

Im frühen 19. Jahrhundert hatte ein junger Mann in London den sehnlichen Wunsch, Schriftsteller zu werden. Doch alles schien sich gegen ihn verschworen zu haben. Er hatte nur vier Jahre die Schule besuchen können. Sein Vater war ins Gefängnis geworfen worden, weil er seine Schulden nicht bezahlen konnte, und dem jungen Mann knurrte oft der Magen vor Hunger. Schließlich bekam er eine Stelle in einem rattenverseuchten Lagerhaus, wo er Etiketten auf Flaschen klebte. Nachts schlief er mit zwei anderen Jungen in einer trostlosen Dachkammer – Jungen aus der Gosse der Londoner Elendsviertel. Er hatte so wenig Zutrauen in seine Schreibkünste, daß er sich aus der Kammer schlich und das erste Manuskript mitten in der Nacht in den Briefkasten warf. Eine Geschichte nach der anderen wurde abgelehnt. Aber schließlich kam der große Tag, da doch eine angenommen wurde. Er bekam zwar kein Geld dafür, aber ein Lektor hatte ihn gelobt. Ein einziger Lektor hatte ihm Anerkennung gezollt. Er war so aufgewühlt, daß er ziellos durch die Straßen irrte, während Tränen ihm über die Wangen liefen.

Das Lob und die Anerkennung, die er durch den Abdruck einer seiner Geschichten erfuhr, veränderten sein ganzes Leben. Wäre diese Ermunterung nicht gewesen, hätte er vielleicht den

Rest seines Lebens in rattenverseuchten Fabriken zugebracht. Sie haben vielleicht schon von dem Jungen gehört. Er hieß Charles Dickens.

Dale Carnegie

Mary Kay Ash, die Gründerin des gleichnamigen Kosmetikunternehmens, begann ihr Leben in der Geschäftswelt damit, daß sie Verkaufspartys für die Heimproduktefirma Stanley veranstaltete. Sie war keine besonders gute Verkäuferin – zunächst jedenfalls nicht. «Wir mußten der Gastgeberin einen Mop und Staubwedel für 4,99 Dollar schenken», erinnert Ash sich. «Ich nahm pro Party etwa sieben Dollar ein, so daß mir, wenn ich die Tür hinter mir zumachte, vielleicht zwei Dollar blieben.» Aber Ash hatte drei kleine Kinder zu versorgen und nicht viele begehrte Fähigkeiten. So mußte sie sich weiter abrackern.

Nach ein paar Wochen wurde ihr klar, daß sie nicht über die Runden kommen würde, wenn sich nicht etwas änderte, und zwar rasch. «Ich sah all diese Leute, die mir erzählten, was sie verkauften, und ich fragte mich: ‹Wie machen die das? Mann, mir kaufte keiner diese Mops ab.› Ich wußte nicht, wie ich es anfangen sollte. Und da sagte ich mir: ‹Ich muß zur Stanley-Tagung. Ich muß lernen, wie man es macht, denn ich habe drei Kinder zu versorgen.›»

Das war zu jener Zeit ein echtes Wagnis für eine alleinstehende Mutter in Texas. Ash hatte weder Geld noch moralische Unterstützung. «Ich mußte mir das Geld leihen, um zu der Tagung gehen zu können», sagt sie. «Einige Freundinnen verlor ich, als ich versuchte, das Geld zusammenzubekommen. Diejenige, von der ich es schließlich bekam, sagte: ‹Du solltest zu Hause bleiben und von dem Geld Schuhe für deine Kinder kaufen und nicht bei solchen zwielichtigen Sachen mitmachen, zu denen die Männer gehen.›

Ich stieg schließlich in den Zug. Ich hatte keine Kleider. Ich hatte überhaupt nichts. Ich muß ziemlich schäbig ausgesehen haben, aber ich bin hingekommen, und das hat mein Leben verändert.»

Ihr Leben verändert?

«Die Stanley-Leute krönten ein junges Mädchen zur Königin. Ich werde es nie vergessen. Sie war groß und hager und schwarzhaarig und erfolgreich. Das genaue Gegenteil von mir. Ich sah von der letzten Reihe des Saals aus zu und beschloß: Im nächsten Jahr wirst du die Königin. Sie bekam eine Krokodilledertasche. Nichts wünschte ich mir sehnlicher. Ich wollte auch eine Krokotasche haben.

Ein Handbuch für den Verkauf gab es nicht, doch man sagte uns drei Dinge: Erstens, sorgen Sie für Gleise, auf denen Sie fahren können. Dann spannen Sie Ihren Wagen an einen Stern. Nun, ich hatte meine Arbeit bei Stanley, und ich spannte meinen Wagen so fest an diesen Stern, die Königin, daß sie es selbst aus der letzten Reihe gespürt haben muß. Schließlich empfahl man uns, jemandem zu sagen, was wir vorhatten. Ich blickte mich im Saal um und kam zu dem Schluß, daß es keinen Sinn hatte, irgend jemandem hier zu sagen, was ich machen wollte. Ich wollte zum Präsidenten gehen, der vorne stand. Ich bahnte mir einen Weg zu Mr. Beverage und sagte: ‹Mr. Beverage, im nächsten Jahr werde ich die Königin sein.›

Wenn er gewußt hätte, mit wem er sprach, hätte er gelacht. Ich war erst seit drei Wochen im Geschäft, sieben Dollar Durchschnitt pro Kunde, und ich wollte im nächsten Jahr Königin werden? Doch er war ein sehr freundlicher Mann. Ich weiß nicht, was er in mir sah, aber er nahm meine Hand, blickte mich fest an und sagte: ‹Wissen Sie, irgendwie habe ich das Gefühl, Sie werden es.› Diese zehn Worte haben mein Leben verändert. Ich durfte ihn nicht enttäuschen. Ich hatte mich schließlich verpflichtet, die nächste Königin zu werden.» Und sie wurde es.

Mary Kay Ash gründete später ein sehr erfolgreiches Kosmetikunternehmen, das mit eigenen Teilzeitvertreterinnen arbeitete, die die Erzeugnisse an ihre Freundinnen, Nachbarinnen und Kolleginnen verkauften. Sie hatte den Vorsatz zum Erfolg schon, bevor sie zu Stanley kam. Sie mußte ihn haben, denn sie hatte keinen Mann, keine andere Arbeit und zu Hause drei hungrige Kinder. Außerdem wollte sie das angenehme Gefühl spüren, das sich mit dem Erfolg einstellt. Die Ermunterung, die sie vom Präsidenten der Stanley Company bekam, gab ihr den Anreiz, den sie brauchte: ein Schub für ihr Selbstwertgefühl, das Gefühl, daß jemand auf der Welt Anteil nahm, wenn sie Erfolg hätte.

Zuweilen kann es so einfach sein, jemanden zu motivieren. Alle, vom Direktor des erfolgreichsten Unternehmens bis zum Angestellten, der im Supermarkt die Pfandflaschen zurücknimmt, möchten hören, daß sie erstklassige Arbeit leisten, daß sie gescheit sind, tüchtig, und sie möchten, daß ihre Anstrengungen anerkannt werden. Ein klein wenig Anerkennung – ein aufmunternder Klaps im richtigen Augenblick – ist oft alles, was notwendig ist, aus einem guten einen hervorragenden Mitarbeiter zu machen.

«Warum», fragte Dale Carnegie, «benutzen wir nicht den gleichen gesunden Menschenverstand, wenn wir Menschen ändern wollen, den wir benutzen, wenn wir versuchen, einen Hund zu ändern? Warum nehmen wir nicht Fleisch statt der Peitsche? Warum greifen wir nicht zum Lob statt zum Tadel? Loben wir selbst die kleinste Verbesserung. Das spornt den anderen an, es noch besser zu machen.»

Es ist überhaupt nicht schwierig. Aber aus irgendeinem Grund fällt es vielen schwer, selbst ein hochverdientes Lob auszusprechen. «Ich hatte immer Schwierigkeiten mit dem Feedback, ob positiv oder negativ, und ich weiß nicht warum», sagt ein Versicherungsfachmann. «Es ist so einfach, und es bereichert unglaublich. Ich weiß nicht, warum ich mich jemals geweigert habe, innezuhalten und zu sagen: ‹Wissen Sie, ich schätze Sie sehr. Danke für das, was Sie getan haben. Ich weiß, Sie haben viel zusätzliche Zeit investiert, aber glauben Sie mir, ich sehe das.›»

Nach Jahren der Zurückhaltung, so der Versicherungsmann, lernte er schließlich von seinem Chef, wie wichtig es ist zu loben. «Er ist ein bemerkenswerter Mann und jeden Tag zugänglich», sagt er. «Er sagt einem, wenn er ein Problem hat oder ihn etwas bedrückt, er sagt aber auch: ‹Ich bin Ihnen dankbar; was Sie machen, ist toll.› Es ist so wohltuend, so etwas zu hören.»

Belohnungen. Wenn dieser Ausdruck heute im Geschäftsleben gebraucht wird, ist er fast immer ein Euphemismus für Geld. Gehalt, Zulagen, Prämien, Sondervergütungen – das sind die Belohnungen, an die die meisten Menschen denken, das Finanzielle.

Es ist keine Frage, daß Geld wichtig ist. In unserer Gesellschaft zählt es viel. Die vollständige Wahrheit ist jedoch, daß Geld nur einer der Gründe ist, warum die meisten morgens zur Arbeit gehen, und nur eins der Dinge, die sie abends mit nach Hause bringen. Sosehr wir auch widersprechen mögen, selbst dem größten Materialisten liegt auch an anderen Arten der Belohnung.

Zwei Dinge stehen auf der Belohnungsliste ganz oben: Selbstachtung und die Achtung anderer. Das sind zwei der stärksten Triebkräfte überhaupt. «Die Leute machen gern einen guten Eindruck», ruft sich ein Dienstleistungsunternehmer immer wieder in Erinnerung. «Wir versuchen also ein Umfeld zu schaffen, in dem die Leute einen guten Eindruck machen können.»

Das hat auch James Houghton bei der Firma Corning getan. Er bemüht sich, ein Umfeld zu schaffen, in dem die

Beschäftigten einen guten Eindruck machen und sich wohl fühlen können. Dieses Rezept hat viele Zutaten, aber eine davon ist die Art, wie Corning mit den Anregungen der Angestellten umgeht.

Bevor Corning sich mit Fragen des Qualitätsprozesses auseinandersetzte, suchte die Firma den Rat der Beschäftigten nur halbherzig. Man stellte ein paar Briefkästen für Vorschläge irgendwo in den Fabriken und Büros auf, wo sie überwiegend nur Staub ansammelten. Houghton erinnert sich: «Unser betriebliches Vorschlagswesen war insofern so wie alle anderen auch, als man vielleicht Geld bekam, wenn man etwas vorschlug und es angenommen wurde. Die Wirklichkeit sah hingegen so aus, daß jemand einen Vorschlag machte, der Briefkasten aber wie ein schwarzes Loch war. Der Betreffende hörte einfach nichts mehr. Vielleicht ein halbes Jahr später. Und wenn er etwas hörte, war er womöglich beleidigt. Entweder erfuhr er, daß er kein Geld bekäme, oder er bekam etwas Geld und fand, es sei nicht genug.»

Heute geht Corning mit Anregungen der Mitarbeiter ganz anders um. Heute gibt es keine Briefkästen mehr und auch das ganze Verfahren nicht, das damit zusammenhing. Aber nicht nur das hat sich geändert. Beim jetzigen betrieblichen Vorschlagswesen von Corning wird kein Geld ausgelobt, sondern Anerkennung. «Jemand wird Mitarbeiterin der Woche. Ihr Foto wird am Schwarzen Brett ausgehängt, oder es gibt Blumen oder eine Kaffeekanne, oder jemand sagt einfach danke schön.» Diese Anerkennung hält das Programm am Leben.

Vermissen die Beschäftigten das Geld nicht? Nicht so, wie man meint, sagt Houghton. «Wir haben nur eine Regel. Wenn ein Vorschlag gemacht wird, muß innerhalb weniger Wochen eine Antwort erfolgen. Ein, zwei, drei Wochen, egal, aber es muß geantwortet werden. Ja oder nein, oder wir überlegen noch.»

Aber jetzt, wo kein Geld mehr im Spiel ist, ist die Zahl der Vorschläge doch sicher zurückgegangen, oder? «Im letzten Jahr», erklärt Houghton, «haben wir, glaube ich, achtzigmal so viele Vorschläge bekommen wie früher. Und vierzig- bis fünfzigmal so viele haben wir realisiert.»

Die Leute beteiligen sich aus verschiedenen Gründen. Sie möchten die Qualität ihres Arbeitslebens verbessern – das gehört offensichtlich dazu –, und sie machen Verbesserungsvorschläge, weil sie wissen, daß ihnen jemand zuhört, wenn sie es tun. Aber ganz bestimmt beteiligen sie sich auch, weil sie die Selbstachtung und öffentliche Anerkennung möchten, die das Unterbreiten einer guten Idee mit sich bringt. Houghton erklärt, er sei nicht im geringsten überrascht gewesen. «Mir sagt das, daß die Leute interessiert sind und einbezogen werden wollen. Und man braucht nichts weiter zu tun, als sie anzuhören und danke zu sagen. Es ist erstaunlich, was dann passiert.»

Houghton hat recht. Angestellte, die das Gefühl haben, daß ihr Beitrag zur Kenntnis genommen und geschätzt wird, leisten wirklich Erstaunliches. Den Beschäftigten das Gefühl vermitteln, geschätzt zu werden, ihren guten Einfällen Beachtung schenken, sie auf Fachmessen mitnehmen, die bisher den großen Tieren vorbehalten waren, «Danke», sagen, «wir wissen, daß Sie eine gute Mitarbeiterin sind. Wir schätzen Sie und Ihre Arbeit» – das ist der Beginn einer erfolgreichen Motivation.

Gutgeführte Unternehmen wenden heute viel Zeit, Mühe und Geld auf, um diese nichtgeldwerten Belohnungen ins Leben zu rufen.

«Heute», so der Präsident eines großen schwedischen Herstellers von Computerzubehör, «spreche ich Anerkennung vor der gesamten Mannschaft aus. Das ist sehr wichtig – jemandem vor möglichst vielen Leuten sagen: ‹Du hast sehr gute Arbeit geleistet.› Das unter vier Augen zu sagen ist nicht annähernd so gut.»

Die Freude erwächst daraus, die Anerkennung öffentlich zu bekommen. «Das gibt den Leuten das Gefühl, geschätzt zu werden. Man kann das gar nicht oft genug tun.»

Einen Mangel an nachahmenswerten Belohnungsideen gibt es nicht – es sind heute fast so viele, wie es gutgeführte Unternehmen gibt. Einige dieser Ideen sind recht phantasievoll. Ihre Möglichkeiten werden nur durch die Kreativität derjenigen begrenzt, die sie anwenden.

Die Mikroelektronikfirma Thompson hat z. B. ein ungewöhnliches Auszeichnungsprogramm ins Leben gerufen, die Auszeichnung für Personalqualität, die Mitarbeitern für besondere Leistungen bei der innerbetrieblichen Kontaktpflege zuerkannt wird. Personalchef Bill Makahila beschreibt das Programm, das er initiiert hat. «Wir haben vier Auszeichnungen, die wir jedes Quartal an Manager vergeben, die bestimmte Verhaltensweisen zeigen. Eine heißt das Goldene Ohr, und auf der Preisplakette ist tatsächlich ein goldenes Ohr zu sehen. Der Preis wird für gutes Zuhören verliehen. Die Mitarbeiter können einen Manager oder jeden anderen Angestellten nominieren, der diese Fähigkeit beweist. Dann haben wir eine Silberne Zunge. Dieser Preis hat mit erfolgreicher Kommunikation zu tun, und zwar nicht unbedingt bei förmlichen Anlässen. Die Plakette, die der Gewinner bekommt, ziert eine ausgestreckte silberne Zunge. Wir haben uns absichtlich für eine etwas humorige Darstellung entschieden.»

Die großen Füße auf dem Schreibtisch gibt es allerdings nicht.

«Der Hauptpreis gilt der Mitarbeiterführung», fährt Makahila fort. «Er ist für die Person gedacht, die beständig die besten Eigenschaften zeigt – Ehrlichkeit, Integrität, Aufrichtigkeit. Diese Person sollte auch Fähigkeiten in erfolgreicher Kommunikation, Zuhören, zwischenmenschlichen Beziehungen, Umgang mit Menschen und so fort haben. Auf dieser Preisplakette ist ein Leader dargestellt, der eine Plattform mit seinen Leuten trägt. Es geht bei diesem ganzen Konzept also darum, die Leute wirklich zu unterstützen und zu tragen, nicht auf sie herabzusehen.»

Einen pinkfarbenen Cadillac gewinnen

Die Mary-Kay-Kosmetikfirma ist, wenn es um ausgefallene Auszeichnungen geht, konkurrenzlos. Bei Mary Kay bekommen die Spitzenverdienerinnen des Jahres einen pinkfarbenen Cadillac, jawohl, pink. «Etwa drei Jahre nach dem Start ging es uns schon ganz gut», erklärt Mary Kay Ash. «Das heißt, wir waren bei einer Million Dollar angelangt. Ich brauchte einen neuen Wagen und fuhr deshalb zum Cadillac-Händler. Ich holte meine kleine Puderdose aus der Handtasche und sagte zu dem Verkäufer: ‹Ich möchte einen neuen Cadillac, und zwar in dieser Farbe.›

Der Verkäufer blickte auf die Puderdose und sagte: ‹Mary, das meinen Sie doch nicht ernst. Wissen Sie, was es Sie kostet, den Wagen umzuspritzen, wenn er geliefert wird und Ihnen nicht gefällt?› Ich erwiderte: ‹Ich möchte ihn in Pink.› ‹Gut›, sagte er, ‹aber ich habe Sie gewarnt. Geben Sie nicht mir die Schuld an einer Katastrophe.›

Der Wagen kam und sorgte schon auf dem Heimweg für Aufsehen. Auch den Mitarbeitern gefiel er. Sie sahen in ihm eine große pinkfarbene Trophäe auf Rädern und wollten wissen: ‹Was müssen wir unternehmen, um auch einen zu bekommen?› Mein Sohn Richard ist das Finanzgenie der Firma, und ich habe ihm die Frage vorgelegt. Ich habe gesagt: ‹Richard, nimm einen spitzen Bleistift und rechne mal durch, was jemand leisten muß, um einen pinkfarbenen Cadillac zu gewinnen.› Er sagte: ‹Mutter, muß das sein?›, aber er rechnete es aus und nannte mir die Zahl. Und wissen Sie, je höher man das Ganze ansiedelt, desto höher springen sie. Im ersten Jahr haben wir einen Cadillac ausgelobt. Im zweiten Jahr fünf, im dritten Jahr zehn und im vierten zwanzig. Danach bekam jeder eine Chance, der einen bestimmten Umsatz macht, und so ist es bis heute.

Heute fahren Wagen im Wert von fünfundsechzig Millionen Dollar im Land herum, und selbst wenn Sie sonst nichts über Mary Kay Cosmetics wissen, wenn Sie irgendwo einen pinkfarbenen Wagen sehen, ist er von Mary Kay. Die Leute wissen das. Er ist zu einem Symbol geworden.» Ein nützliches Symbol für das Unternehmen und auch ein nützliches Symbol für die Beschäftigten. Es besagt: «Du bist etwas Besonderes. Du hast eine Superleistung vollbracht. Weiter so.»

Die Regierung der Vereinigten Staaten vergibt keine pinkfarbenen Cadillacs. Noch nicht, jedenfalls. Aber selbst die Regierung ist nicht tatenlos, wenn es um kreative Anerkennung geht. Sie hat das Federal Quality Institute gegründet.

Das Institut wurde 1988 auf Anweisung von Präsident Reagan gegründet. Sein ursprünglicher Auftrag lautete, Wege zur Steigerung der Produktivität in der Regierung zu finden. Die Denkfabrik, die für die ersten Untersuchungen und Planungen engagiert wurde, kam zu denselben Schlüssen, zu denen auch schon Firmen wie Corning und Motorola gekommen waren: Wenn du die Produktivität steigern willst, widme dich intensiv und auf Dauer der Qualität. Die Produktivität kommt von allein. «Der

Mensch ist der wichtigste Teil der Gleichung», sagt G. Curt Jones, der für Qualitätssteuerung verantwortliche Manager des Instituts.

Als wesentlichen Bestandteil der Washingtoner Pläne zur Qualitätsverbesserung rief das Institut ein eigenes Programm zur Mitarbeiteranerkennung ins Leben – den President's Award. Die Auswahl der Kandidaten ist hart. In einem Jahr ging die Auszeichnung an das Dienstleistungszentrum IRS im Bundesstaat Utah, dessen Beamte herausfanden, wie man Steuererklärungen schneller bearbeiten kann, und das trotz einschneidender Etatkürzungen.

Auszeichnungen wie diese sind nur eine Möglichkeit. Die Fluggesellschaft American Airlines hat eine gezielte Methode zur Auszeichnung ihrer Beschäftigten entwickelt: Die Kunden der Fluggesellschaft werden mit einbezogen. Da die Flugbegleiterinnen ihren Dienst größtenteils während des Fluges versehen, Tausende von Kilometern von ihren Vorgesetzten entfernt, kann die Gesellschaft nur schwer beurteilen, wer wirklich gute Arbeit leistet. Aufgrund einer Abmachung mit der Gewerkschaft sind der Gesellschaft auch weitgehend die Hände gebunden, bestimmten Stewardessen mehr zu zahlen als anderen.

Der Vorsitzende von American Airlines hatte jedoch eine gute Idee, dieses Problem zu lösen. Die Gold- und Platinmitglieder im Club der Vielflieger von American Airlines erhalten spezielle Urkunden, die sie einer Flugbegleiterin für besonders aufmerksamen Service überreichen können. Die Stewardessen können diese Urkunden gegen Freiflüge und andere Vergünstigungen einlösen. Es ist eine einfallsreiche Methode, die dem Kunden etwas bringt, der die angenehme Gelegenheit bekommt, seinen Dank konkret auszudrücken, aber auch den Flugbegleiterinnen.

Der Gedanke, Belohnung und Anerkennung als wesentlichen Bestandteil des geschäftlichen Handelns zu nutzen, ist nicht neu. Er ist vielmehr so alt wie das persönlich ausgesprochene Dankeschön.

Ein Manager hat das vor mehreren Jahrzehnten von einem Freund gelernt. «Jim Bender war ein sehr erfolgreicher Vertreter, der am Anfang seiner Karriere stand. Er war den ganzen Tag unterwegs und besuchte Kunden. Am Abend ging er in sein Motel, nahm eine Flasche Bourbon und einen Stapel Briefpapier mit aufs Zimmer und schrieb ein paar persönliche Zeilen.

Sein ganzes Leben hat er solche kurzen Briefe geschrieben, von Hand», erzählt der Manager. «In unserer Zeit des ausgeklügelten Marketings, Direct Mailing und ähnlicher Dinge wirkt nichts so nachdrücklich wie eine handgeschriebene Notiz, in der es heißt: ‹Gratuliere, Sie haben diese Situation großartig gemeistert› oder: ‹Ich bewundere aufrichtig, wie Sie das und das anpacken.›»

Machen sich die Leute etwas aus solchen kleinen Anerkennungen? Der Marketingleiter eines mittelständischen Unternehmens ist überzeugt davon. «Wir haben kleine vorgedruckte Karten, auf denen steht: ‹Danke, wir wissen zu schätzen, was Sie heute geleistet haben.› Ich sehe diese Kärtchen, wenn ich durch das Büro gehe. Die Leute haben sie sich an die Wand gepinnt. Ich habe erlebt, daß die Leute sich gegenseitig halfen und nie eine Anerkennung von ihren Kollegen bekamen. Jetzt bekommen sie ein einfaches ‹Danke› oder ‹Ich weiß, was Sie geleistet haben› oder ‹Sie haben mir das Leben etwas leichter gemacht›. Das funktioniert ausgezeichnet.»

Belohnung, Anerkennung, Lob. Es ist egal, wie Sie sie bekunden. Wichtig ist, daß Sie sie bekunden, immer wieder, ohne Ende. Letztlich zählt bei der Belohnung von Beschäftigten dies: Geld ist immer willkommen, keine Frage. Doch es ist nicht die einzige wirksame Belohnung. Wenn Sie Geld zu vergeben haben, setzen Sie es klug ein. Belohnen Sie das Außergewöhnliche. Fördern Sie die Beteiligung der Mitarbeiter. Verwenden Sie das Geld so, daß sie damit einverstanden sind.

Und ob Ihr Budget groß oder klein ist, befolgen Sie den Rat der Schriftstellerin und Lektorin Florence Littauer. Littauer wurde eines Tages überraschend gebeten, die Kinderpredigt in der Kirche zu halten. Ihr kam ein Satz aus der Bibel ins Gedächtnis, der für Kinder allerdings nicht einfach zu verstehen ist: «Lasset kein faul Geschwätz aus eurem Munde gehen, sondern was gut ist und das Nötige fördert, das redet, auf daß es Segen bringe denen, die es hören.»

Littauer besprach die Stelle mit den Kindern, entschlüsselte die schwierigen Wörter und kam schließlich zu einer Auslegung, die ihrer Meinung nach die Bedeutung dieser Stelle erfaßte: «Unsere Worte sollten wirklich wie ein Geschenk sein», sagte sie, und die Kinder schienen einverstanden. «Ein kleines Geschenk. Etwas, das wir anderen geben. Etwas, das sie gern haben. Etwas, wonach sie sich sehnen. Sie greifen und nehmen unsere Worte auf, und sie lieben sie. Weil unsere Worte ihnen so gutgetan haben.»

Littauer sprach noch etwas in dieser Richtung weiter und verglich Worte mit Geschenken. Dann faßte sie das Gesagte zusammen: «Meine Worte sollten nicht schlecht sein. Sie sollten gut sein. Sie sollten aufbauen, nicht niederschlagen. Es sollten Worte sein, die wie ein Geschenk aus meinem Mund kommen.»

Als sie geendet hatte, sprang ein kleines Mädchen auf, trat in den Mittelgang hinaus, drehte sich zur gesamten Gemeinde um und sagte mit lauter, klarer Stimme: «Sie will sagen» – und dann hielt sie inne, um Luft zu holen –, «sie will sagen, daß unsere Worte wie eine kleine silberne Schachtel mit einer Verbeugung dazu sein sollten.»

Lob ist nicht nur bei Kindern beliebt. Es bewirkt auch im Geschäftsleben sehr viel.

> Die Menschen arbeiten für Geld, tun aber ein übriges für Anerkennung, Lob und Belohnung.

10 Der Umgang mit Fehlern, Beschwerden und Kritik

Kurz nach Ende des Ersten Weltkriegs machte ich eines Abends eine unschätzbare Erfahrung in London. Ich nahm an einem Festbankett teil, und während des Essens erzählte mein Tischnachbar eine lustige Geschichte, die sich um das Zitat rankte: «Daß eine Gottheit unsre Zwecke formt, wie wir sie auch entwerfen.»

Der Erzähler erklärte, das Zitat stamme aus der Bibel. Er hatte unrecht, das wußte ich. Ich wußte es ganz sicher. Es konnte nicht den geringsten Zweifel geben. Und um mich in den Vordergrund zu stellen und meine Überlegenheit zu beweisen, spielte ich mich zum ungebetenen und unerwünschten Rechthaber auf und korrigierte ihn. Doch er blieb bei seiner Behauptung.

«Was?» polterte er los. «Von Shakespeare? Niemals! Völlig absurd!» Dieses Zitat stamme aus der Bibel, und er wisse es hundertprozentig.

Der Herr, der die Geschichte erzählte, saß rechts von mir, Frank Gammond, ein alter Freund, links von mir. Frank hatte sich viele Jahre dem Studium von Shakespeares Werken gewidmet. Der Erzähler und ich kamen daher überein, ihn zu fragen. Frank hörte zu, trat mir unter dem Tisch gegen das Schienbein und sagte dann: «Dale, du hast unrecht. Der Herr hat recht. Das Zitat ist aus der Bibel.»

Ich konnte es kaum erwarten, bis ich allein mit Frank war. Auf dem Nachhauseweg sagte ich zu ihm: «Frank, du weißt, daß das Zitat von Shakespeare ist.»
«Selbstverständlich», erwiderte er. «Hamlet, fünfter Akt, zweite Szene. Aber, Dale, wir waren Gäste auf einem festlichen Abend. Warum willst du einem anderen beweisen, daß er unrecht hat? Wird er damit so wie du? Warum läßt du ihn nicht sein Gesicht wahren? Er hat dich nicht um deine Meinung gebeten. Er war nicht daran interessiert. Warum einen Streit mit ihm beginnen?»

Dale Carnegie

Hendrik Strydom war ein heimtückischer, kaltblütiger Mörder. Als weißer Südafrikaner war er aufgebracht über die Fortschritte, die die Schwarzen im Land der Apartheid endlich machten. Und so beschloß er an einem Tag des Jahres 1988, etwas zu unternehmen. Er feuerte mit einem Maschinengewehr in eine Ansammlung schwarzer Demonstranten und tötete acht von ihnen.

Er wurde vor Gericht gestellt und zum Tod durch den Strang verurteilt. Aber selbst da glaubte er offenbar immer noch, nichts Verachtenswertes getan zu haben. «Um Reue zu empfinden, muß man etwas Unrechtes getan haben», sagte er. «Ich habe nichts Unrechtes getan.»

Als Strydoms Todesstrafe aufgrund einer juristischen Formalie in eine lebenslange Haftstrafe umgewandelt wurde, begriff er die öffentliche Empörung, die sein Verbrechen ausgelöst hatte, offenbar immer noch nicht. «Ich werde wieder töten», sagte er. «Ich habe nichts Unrechtes getan.»

Wenn ein so rücksichtsloser Killer sich nichts wegen seiner entsetzlichen Tat vorzuwerfen hat, wie steht es dann um die Menschen, mit denen die meisten von uns tagtäglich zusammenkommen? Glauben Sie, daß sie ohne weiteres Fehler einräumen oder sich kritisieren lassen?

Bei Fehlern gibt es zwei grundlegende Tatsachen. Erstens begehen wir sie. Zweitens weisen wir sie anderen mit größtem Vergnügen nach, aber wehe, jemand macht dasselbe bei uns.

Noël Coward war, was Kritik anging, genauso dünnhäutig wie jeder andere, aber er hatte wenigstens Humor. «Ich mag Kritik, solange es sich um uneingeschränktes Lob handelt», gesteht der englische Bühnenschriftsteller.

Niemand – wirklich niemand – ist gern der Adressat einer Beschwerde, einer Kritik oder eines Verrisses. Wir alle stellen uns auf die Hinterbeine, wenn mit kritischem Finger auf uns gezeigt wird. Das ist einfach zu verstehen. Nichts verunsichert das Selbst so wie der Vorwurf, eine schlechte Entscheidung getroffen, ein Projekt zum Scheitern gebracht zu haben oder unter den Erwartungen geblieben zu sein. Noch schwieriger wird es, wenn die Kritik sich als berechtigt erweist.

Aber Fehler passieren nun einmal. Gestritten wird oft. Beschwerden, berechtigte wie unberechtigte, werden Tag für Tag eingereicht. Kunden sind unzufrieden. Niemand ist ständig auf dem richtigen Weg.

Wie geht man nun um mit dem Wissen, daß niemand ohne Fehl, Kritik aber dennoch schwer zu ertragen ist? Mit etwas Übung und der Hilfe einiger bewährter Techniken zwischenmenschlicher Beziehungen. Verkennen wir dabei nicht, was auf der Hand liegt. Es ist nicht immer einfach, beide Bälle in der Luft zu halten. Aber unmöglich ist es auch nicht. Nach einer Weile kann fast jeder dieses kleine Kunststück meistern.

Der erste Schritt besteht darin, ein Umfeld zu schaffen, in dem die Menschen offen für Ratschläge oder konstruktive Kritik sind. Werden Sie nicht müde zu wiederholen, daß Fehler zum Leben dazugehören.

Ein sicherer Weg, das zu vermitteln, ist der, *eigene Fehler zuzugeben*. «Es ist sehr wichtig, ein Beispiel zu geben. Man kann von anderen nicht verlangen, was man selbst zu leisten nicht bereit ist.» So der Manager einer New Yorker Versicherungsgesellschaft. Kurz nach seinem Eintritt in das Unternehmen hatte er Gelegenheit, seinen Mann zu stehen.

Der Manager erzählt: «Ich habe etwas gemacht, das die Leute etwas erstaunt hat. Ich war in Frankreich auf einem Managementkurs, und wir hatten vor meiner Abreise einige wichtige Daten vorzulegen. Es ging um unseren Fünfjahresplan, und es gab ein Mißverständnis, weil ich mich zum ersten Mal damit befaßte. Kurz bevor ich abfuhr, legten wir die Zahlen vor. Selbstverständlich stand ich während meiner Abwesenheit über Telefon und per Fax mit der Firma in Verbindung. Wir legten die Zahlen vor, aber hier kam es zu einer mittleren Katastrophe. Das Problem lag darin, daß ich das Timing dieser Vorlage falsch verstanden hatte. Ich war davon ausgegangen, die erste Vorlage der Zahlen sei unser erster Ansatz und wir hätten danach noch genügend Zeit zur Analyse und Absprache von Aktionen, um die Zahlen zu konsolidieren und zu verbessern. Wie sich herausstellte, hatte ich das Prozedere falsch verstanden. Die Zahlen, die dem Leitungsausschuß und dem Vorstand vorgelegt wurden, galten als unsere definitive Fassung des Fünfjahresplans.

Es gab erheblichen Aufruhr, und ich bot an, sofort zurückzukommen, aber mein Chef sagte: ‹Nein, wir haben das schon im Griff.›

Während ich in Frankreich war, zeigte jeder auf jeden. Mein Stab erklärte: ‹Warum habt ihr uns nicht gesagt, daß dies die definitiven Zahlen waren?› Und die anderen hielten dagegen: ‹Ihr hättet doch wissen müssen, daß dies die definitiven Zahlen waren.› Dann kam ich zurück, stellte mich hin und sagte: ‹Das ist allein mein Fehler. Ich übernehme die volle Verantwortung dafür. Es ist ein Kommunikationsproblem. Es wird nicht wieder vorkommen.› Und damit war Schluß mit den gegenseitigen Schuldzuweisungen. Einige Leute im Raum sagten: ‹Nein, um Gottes willen, es war nicht Ihr Fehler. Es lag an mehreren Leuten.›»

Bereitwillig einen Fehler einräumen – das ist einer der besten Wege, um die Stoßrichtung zu ändern, wenn Schuld verteilt wird. Gehen Sie voran, wenn es gilt, Fehler einzuräumen. Und alle werden sich beeilen zu versichern: «Nein, nein, halb so wild; eigentlich macht es gar nichts; wahrscheinlich liegt die Schuld bei dem und dem; es hat sich am Ende alles geklärt.»

Gehen Sie den entgegengesetzten Weg – geben Sie anderen die Schuld an etwas –, und man wird Ihnen genauso schnell widersprechen und die Richtigkeit des eigenen Handelns verteidigen. Eigenartig, wie die menschliche Psyche funktioniert, nicht wahr?

Das gilt für alle Beziehungen – im Unternehmen, in der Familie, in einer Gruppe von Freunden. Und es gilt auch für Kunden und Verkäufer.

Wenn ein Kunde unzufrieden mit einem Produkt oder der gebotenen Dienstleistung ist, wirkt das schnelle Eingeständnis des eigenen Versagens oft Wunder. Diese Erfahrung machte auch der Chef einer Softwarefirma, als er unbeabsichtigt einen wichtigen Kunden vor den Kopf stieß. «1987», erinnert er sich, «sprach ich an der Westküste der Vereinigten Staaten vor Führungskräften aus der Informationsbranche. Es waren vielleicht tausend Personen im Saal. Zu Beginn sprach ich über das, was in und out war. ‹Noriega ist out, Demokratie ist in›, und ähnliche Dinge. Mein letzter Vergleich dieser Art war: ‹Die Ninja Turtles sind in, Ken und Barbie sind out.› Alles lachte, bis auf einen Teilnehmer, einen meiner größten Kunden. Es war der Chef von Mattel, der Firma, die die Barbie-Puppen herstellt.

Noch bevor ich wieder in der Firma war, bekam ich

einen Brief, in dem es unter anderem hieß: ‹Ich habe mit Vergnügen Ihren Vortrag gehört, allerdings haben Sie eine Bemerkung gemacht, die Sie zeitlebens bereuen werden.› Er fuhr mit ungewöhnlicher Schärfe fort und erklärte zum Schluß, daß sein Umsatz mit Barbie-Puppen höher sei als die Erlöse all meiner Firmen zusammen. Ich schrieb ihm einen Entschuldigungsbrief und sogar einen Brief an Barbie. Aber er fand auch das nicht lustig.»

Doch der Softwareunternehmer steckte nicht auf. «Jahrelang», erzählt er, «baute ich den Mattel-Brief in mein Programm ein, und bei jedem Vortrag, den ich hielt, ermahnte ich meine Zuhörer, behutsam mit Kundenbelangen umzugehen, und sie fanden diesen Punkt meines Programms großartig.

Einmal sprach ich im Waldorf Astoria in New York. Unter den Zuhörern saß auch der Präsident von Mattel, was ich allerdings nicht wußte. Während ich sprach, steckte mir jemand einen Zettel zu mit der Nachricht, daß der Präsident von Mattel im Saal sei. Ich bat ihn, sich zu erheben, und er kam nach vorne und reichte mir die Hand. Anschließend ließ er mir ein paar Zeilen zukommen, daß alles vergeben sei, und seit der Zeit ist er ein zufriedener Kunde.»

Und was ist daraus zu lernen? Geben Sie Fehler zu, bevor ein anderer darauf hinweisen kann. Lachen Sie über Ihre Fehler, wenn Sie können. Versuchen Sie nie, die Auswirkungen zu bagatellisieren. «Wer führt, muß die Verantwortung für seine Fehler übernehmen und für sie geradestehen», sagt ein Unternehmer. «Das schlimmste, was man tun kann, ist, mit dem Finger auf andere zu zeigen.» Oder wie ein anderer Geschäftsmann sagt: «Wenn eine Gesellschaft in der Lage ist, Fehler einzuräumen, spornt sie zur Kreativität an und spornt auch ihre Leute an, Risiken einzugehen.»

Der zweite Schritt beim Umgang mit Fehlern oder Problemen: *Überlegen Sie es sich zweimal, bevor Sie Kritik üben oder Schuld zuweisen.* Wenn der, dem der Fehler unterlaufen ist, bereits weiß, wie es passiert ist, warum es passiert ist und was zu tun ist, damit es nicht noch einmal passiert, dann braucht man eigentlich gar nichts mehr zu sagen. Es bringt nichts, dem anderen noch mehr Schuldgefühle aufzuladen, als er ohnehin schon hat.

Motivierte Mitarbeiter möchten gute Arbeit leisten. Der Leiter des Federal Quality Institute der amerikanischen Bundesregierung sagt: «Die Leute gehen nicht zur Arbeit, um Unordnung zu stiften. Sie wollen das Gefühl haben, gebraucht zu werden. Sie wollen sich einsetzen.» Führungskräfte, die das verstehen, wissen auch, wie destruktiv Kritik oft ist.

Wichtig ist, das Schuldzuweisungsspiel nicht mitzumachen. Der Chef eines Computerunternehmens kann dazu einiges sagen. «Die Frage, die automatisch aufkommt, wenn etwas schiefgeht, lautet: ‹Wer ist schuld?› Das menschliche Gehirn ist nun mal so verdrahtet. Man möchte jemanden haben, dem man die Schuld geben kann, und möchte über dessen Fehler sprechen.»

Der Computerunternehmer erspart seiner Firma alle unnötigen Schuldzuweisungen. «Eine Sache, die ich abgestellt habe, ist, in der Firma zu predigen», sagt er. «Wir alle neigen dazu, das wissen wir ja, zu jammern, anzuschuldigen, wenn etwas nicht richtig läuft. Einer meiner kleinen Tricks besteht darin, ein Beispiel zu geben und Beschwerden in Fragen und Anregungen umzuwandeln.»

Man muß sich fragen: Was versuche ich zu erreichen? «Man hat doch bei einem Mißerfolg den Wunsch, wirksame Maßnahmen zu ergreifen, die das Arbeiten verbessern. Und sich darüber zu unterhalten, wer sich geirrt hat und wo die Schuld liegt, ändert überhaupt nichts.» Das eigentliche Ziel ist, die Situation zu verbessern.

Jack Gallagher hatte größere Schwierigkeiten. Gallagher ist der Direktor eines Universitätskrankenhauses, ein 755-Betten-Haus, das zur medizinischen Fakultät der Cornell University gehört. Das Krankenhaus wuchs im Laufe der Jahre, mußte sich aber mit der Küche herumplagen, die schon existiert hatte, als es noch 169 Betten waren.

Als schließlich eine neue Küche eingerichtet werden sollte, beauftragte Gallagher einen Mitarbeiter, die Arbeiten zu überwachen. Er gab dem Mann einen einzigen Ratschlag: Holen Sie sich zwei versierte Projektberater.

«Ich konnte mich nicht täglich um das Projekt kümmern», erzählt Gallagher. «Auf jeden Fall zog er aus irgendwelchen Gründen keine Berater zu. So kam es, daß wir zwischen der Eröffnung der neuen Küche und der Schließung der alten in der Patsche saßen.»

Als Gallagher das schließlich merkte, waren die Bauarbeiten bereits im Gange und schon Millionen ausgegeben. Für eine Änderung der Pläne war es viel zu spät. Mit den Ergebnissen war niemand glücklich. Die neue Küche war zu klein, die Essensqualität ließ nach, und der Ruf des Krankenhauses litt dementsprechend.

Gallagher hätte den Mitarbeiter vor die Tür setzen können. Er hätte den Mann öffentlich kritisieren können. Aber was hätte das gebracht? Hätte ein öffentlicher Rüffel die Qualität der Lammkoteletts oder Hähnchen verbessert? Hätte er die Bohnen warm gehalten?

«Man zeigt nicht gern mit dem Finger und beschuldigt jemanden», sagt Gallagher. «Wir mußten das System retten. Wir mußten uns überlegen, wie wir die Situation verbessern konnten. Schuldzuweisungen hätten uns keinen Schritt weitergebracht.»

Kritik zu üben und Schuld zuzuweisen bringt die Leute fast immer dazu, in Deckung zu gehen und sich zu verstecken. Wer scharfe Kritik hat einstecken müssen, wird höchstwahrscheinlich kaum mehr Risiken auf sich nehmen, kreativ sein oder sich auf irgend etwas Ungewöhnliches einlassen wollen. Das Unternehmen verliert so mit einem Schlag einen beträchtlichen Teil des Potentials dieses Beschäftigten.

Dieser Gedanke hat bei der Mary Kay Corporation Eingang in die gesamte Mitarbeiterbeurteilung gefunden. Ziel ist Verbesserung, nicht Verurteilung. «Wir nennen das nicht Leistungsbewertung, sondern Leistungsentwicklung», erklärt der Personalchef des Unternehmens. Was ist das? «Ich möchte nicht dasitzen und verurteilen. Ich möchte wissen, wie ich einem Mitarbeiter helfen kann, besser zu werden. Das wichtige ist, wir setzen uns zusammen und sprechen über seinen Weg in unserer Firma. Wie muß er sich entwickeln, um das zu erreichen, was er sich für die Zukunft vorstellt? Aus seiner Sicht?» Genau das ist unternehmerisches Verhalten, das die Mitarbeiterinnovation fördert.

«Diejenigen, die Kritik am besten wegstecken, sind die, die an der Verbesserung der eigenen Person wirklich interessiert sind», so der Produktionsleiter der Firma Corning. «Manchmal ist es am einfachsten, die zu korrigieren, die ganz oben stehen. Das sind die Leute, die fünf Prozent zusätzlich bekommen und konstruktive Kritik begrüßen. Eine der Stärken der Japaner ist ihre Einstellung, Irrtümer positiv einzuschätzen. Sie betrachten das Aufspüren eines Fehlers oder Irrtums als etwas Wertvolles, weil darin der Schlüssel zu weiteren Verbesserungen liegt.»

Wir sind uns alle einig: Fast niemand nimmt gern Schuld auf sich, aber sehr, sehr viele geben sie gern anderen. Jemandem die Schuld zu geben verbessert die Lage in den wenigsten Fällen.

Selbstverständlich gibt es Ausnahmen. Manchmal braucht jemand eine konstruktive Kritik. Wenn es dringend genug ist und wenn der Fehler oft genug gemacht worden ist, muß etwas gesagt werden. Aber wenn Sie nach reiflicher Überlegung tatsächlich zu dem Schluß kommen, daß die Situation besprochen werden muß, *kritisieren Sie maßvoll.*

Das ist Schritt Nummer drei. Gehen Sie behutsam vor, und lassen Sie den Stock zu Hause. Halten Sie sich zurück, befolgen Sie ein paar grundlegende Techniken, und Sie können sicher sein, daß Ihre Worte auf fruchtbaren Boden fallen.

Schaffen Sie ein aufgeschlossenes Umfeld für das, was Sie zu sagen haben. Niemand hört gern Negatives über sich, aber er ist zugänglicher, wenn Sie nicht nur das ansprechen, was er falsch gemacht hat, sondern auch das, was er gut macht.

«Kritisieren sollte mit Lob und aufrichtiger Anerkennung beginnen», hat Dale Carnegie gesagt. Und Mary Poppins hatte weitgehend dasselbe im Sinn, als sie sang: «Ein Löffelchen Zucker, und bittere Medizin schmeckt besser.»

Ein Manager hat ein Verfahren gefunden, Kritik freundlicher und angenehmer anzugehen. In seinem Unternehmen gibt es die Drei-zu-eins-Regel. Der Manager erklärt: «Wir bemühen uns, so wenig Kritik zu üben wie möglich. Wir haben eine Regel. Wenn Sie in dieses Unternehmen kommen und auf jemanden treffen, den Sie nicht mögen und der Ihrer Meinung nach nicht so arbeitet, wie er sollte, sagen Sie nichts. Schreiben Sie es auf. Sobald Sie drei gute Dinge an demjenigen entdecken, den Sie meinen – oder an einer Maßnahme, Regel oder Gewohnheit hier im Unternehmen –, sind Sie berechtigt, einmal Kritik zu üben.» Das ist eine großartige Regelung.

Eine andere bedient sich der Ermunterung. Lassen Sie die Fehler so aussehen, als wären sie einfach zu beheben. Diesen Grundsatz wendet ein New Yorker Versicherungskaufmann an. Er nennt das seine «Sandwich-Taktik» beim Kritisieren. «Ich rede zuerst von den positiven Dingen, die der Mitarbeiter vorzuweisen hat», sagt er. «Im mittleren Teil sprechen wir dann über die Bereiche, die entwicklungsfähig und verbesserungswürdig sind. Am Ende reden wir dann darüber, wie wertvoll der oder die Betreffende für das Unternehmen ist. Es funktioniert immer. Ich hatte einmal einen Chef, der bei mir so vorgegangen ist, und ich kam aus seinem Büro, kratzte mir den Kopf und sagte: ‹Hm, eigentlich fühle ich mich bestens dafür, daß ich gerade gerüffelt worden bin.›»

Genauso wichtig ist es zu wissen, was man vermeiden sollte. Niemals mit jemandem streiten, ihn herabwürdigen oder anschreien. Sobald man mit jemandem streitet, hat man schon verloren. Man hat die Selbstkontrolle verloren, man hat den Überblick verloren und, was am wichtigsten ist, man hat sein Ziel aus den Augen verloren: zu kommunizieren, zu überzeugen, zu motivieren.

Dale Carnegie hat dazu gesagt: «Es gibt nur eine Möglichkeit unter der Sonne, bei einem Streit gut abzuschneiden: indem man ihn vermeidet. Meiden Sie ihn wie die Pest. In neun von zehn Fällen endet ein Streit damit, daß beide Streithähne mehr denn je davon überzeugt sind, völlig im Recht zu sein.»

Lassen Sie den anderen auf jeden Fall das Gesicht wahren. Das kann heißen, daß man sich bei einer Diskussion zurückhält, indirekt auf die Fehler des anderen hinweist oder Fragen stellt, statt Anweisungen zu geben. Es kann auch heißen, daß man sich die Kritik für einen anderen Tag aufhebt. Wie immer Sie sich entscheiden, das Ziel bleibt dasselbe: Seien Sie freundlich, spielen Sie nicht sämtliche Trümpfe aus, greifen Sie nicht an. Selbst wenn jemand nicht ganz mit Ihnen übereinstimmt, bringen Sie den Betreffenden mit etwas Geschick vielleicht doch noch dazu, in Ihrer Haltung etwas Positives zu sehen. Aber wenn Sie zu sehr auftrumpfen, Worte wie «richtig» und «falsch», «klug» und «dumm» gebrauchen, überzeugen Sie niemanden.

«Natürlich bekommen wir Beschwerden», sagt Wolfgang Schmitt von Rubbermaid. «Bei etwa der Hälfte dieser Beschwerden stellt sich heraus, daß der Kunde ein Produkt gekauft hat und meint, es sei von uns, dabei ist es ein Konkurrenzprodukt. Der Konsument schreibt uns also. Unsere Reaktion ist einfach: Wir antworten dem Kunden persönlich, schreiben: ‹Wir können verstehen, daß Sie sich geirrt haben, da dieser Konkurrent unsere Produkte kopiert. Wir möchten, daß Sie den Qualitätsunterschied selbst feststellen. Erproben Sie deshalb eins unserer Produkte kostenlos.›

Wir schicken ihnen unseren Ersatz für das beanstandete

Liebenswürdigkeit ist stärker als Wut | 171

Produkt und sind der Meinung, auf diese Weise die Botschaft von der Rubbermaid-Qualität glaubhaft rüberbringen zu können.«

Zurückhaltendes Überzeugen ist immer wirksamer als Schreien und mit dem Finger Zeigen. Wenn Sie sich das in Erinnerung rufen müssen, denken Sie an die alte Fabel von Äsop über den Wettstreit zwischen dem Wind und der Sonne. Der Wind und die Sonne stritten sich einmal, wer von beiden stärker sei. Der Wind schlug einen Wettkampf vor, und da er gerade einen alten Mann die Straße entlanggehen sah, legte er die Bedingungen fest: Wer dem Mann als erster den Rock vom Leibe zöge, sollte der Sieger sein. Der Wind blies, blies immer stärker und stärker, bis die Böen Orkanstärke erreichten. Doch je mehr er blies, desto fester hielt der Mann seinen Rock.

Als der Wind schließlich aufgab, war die Reihe an der Sonne. Die Sonne schien freundlich auf den Mann, wurde wärmer und wärmer, bis dieser sich die Stirn wischte und schließlich seinen Rock auszog. Und die Sonne verriet dem Wind ihr Geheimnis: Sanftmut und Liebenswürdigkeit sind stärker als Kraft und Wut. Dasselbe gilt bei Kunden, bei Angestellten, bei Kollegen und bei Freunden.

Dale Carnegie hatte einen Steuerberater als Teilnehmer in einem seiner Kurse. Frederick Parsons, so hieß der Mann, stritt sich mit dem Finanzamt über die Bewertung einer Schuld von neuntausend Dollar. Parsons erklärte, das Geld sei eine zweifelhafte Forderung, die nicht bezahlt worden und deshalb kein steuerpflichtiges Einkommen sei. Das Finanzamt behauptete genauso unnachgiebig, daß es steuerpflichtig sei.

Parsons kam nicht von der Stelle und beschloß deshalb, es auf andere Weise zu versuchen. «Ich beschloß, den Streit zu lassen, das Thema zu wechseln und Einsicht zu zeigen. Ich sagte zu dem Finanzbeamten: ‹Ich nehme an, dies ist eine Bagatelle im Vergleich mit den wirklich wichtigen und schwierigen Entscheidungen, die Sie zu treffen haben. Ich habe mich selbst eingehend mit Steuern beschäftigt, aber ich mußte mein Wissen aus Büchern beziehen. Sie holen es sich dagegen direkt von der Front im harten Alltagskampf. Ich wünsche mir manchmal, ich hätte eine Position wie Sie. Da würde ich eine Menge lernen.› Ich meinte wirklich jedes Wort.»

Und das Ergebnis? «Der Inspektor richtete sich auf seinem Stuhl auf, lehnte sich zurück und erzählte mir ausführlich von seiner Arbeit und den Betrügereien, die er aufgedeckt hatte. Sein Ton wurde immer freundlicher, und bald darauf erzählte er mir von seinen Kindern. Als er ging, stellte er mir in Aussicht, mein Problem zu überdenken und mir in einigen Tagen mitzuteilen, wie er sich entschieden habe. Drei Tage später rief er in meinem Büro an und sagte mir, daß er die Steuererklärung so akzeptieren werde, wie ich sie eingereicht hatte.»

Was hat die Meinung des Finanzbeamten geändert? «Der Steuerinspektor zeigte eine der häufigsten menschlichen Schwächen», schrieb Carnegie. «Er wollte das Gefühl haben, bedeutend zu sein. Solange Mr. Parsons mit ihm stritt, hatte er dieses Gefühl dadurch, daß er mit Nachdruck auf seiner Autorität beharrte. Aber in dem Moment, wo ihm seine Bedeutung zugestanden wurde und der Streit aufhörte und er seinem Selbstgefühl freien Lauf lassen konnte, wurde er zu einem verständnisvollen, liebenswerten Menschen.«

> Seien Sie der erste, der Fehler einräumt,
> und der letzte, der Kritik übt.
> Vor allem aber seien Sie konstruktiv.

11 Ziele setzen

Als ich dreiundzwanzig war, war ich einer der unglücklichsten Menschen in New York. Ich verdiente meinen Lebensunterhalt mit dem Verkauf von Lastwagen. Ich wußte nicht einmal, wie ein Lastwagen funktionierte. Aber das war noch nicht alles: Ich wollte es auch gar nicht wissen. Meine Arbeit widerte mich an. Es widerte mich an, in einem billigen, möblierten Zimmer zu wohnen – einem von Kakerlaken verseuchten Loch. Ich weiß noch, daß an der Wand ein Bündel Krawatten hing, und wenn ich mir morgens eine frische nahm, huschten die Kakerlaken in alle Richtungen davon. Es widerte mich an, in schäbigen, schmutzigen Restaurants essen zu müssen, in denen es wahrscheinlich ebenfalls von Kakerlaken wimmelte.

Jeden Abend kehrte ich mit schlimmen Kopfschmerzen in mein ödes Zimmer zurück – Kopfschmerzen, die genährt wurden durch Enttäuschung, Sorge, Verbitterung und Rebellion. Ich rebellierte, weil die Träume, die ich als Student gehabt hatte, zu Alpträumen geworden waren. War dies das Leben? War dies das packende Abenteuer, auf das ich mich so gefreut hatte? War dies alles, was das Leben mir jemals bieten würde – in einem Beruf arbeiten, den ich verachtete, und ohne Hoffnung für die Zukunft? Ich sehnte mich danach, Zeit zum Lesen zu haben. Ich sehnte mich danach, die Bücher zu schreiben, die ich in Studientagen hatte schreiben wollen.

Mir war klar, daß ich alles zu gewinnen und nichts zu verlieren hatte, wenn ich die Arbeit aufgab, die mir zuwider war. Ich war nicht daran interessiert, viel Geld zu machen, aber ich war daran interessiert, möglichst viel aus meinem Leben zu machen. Ich hatte, mit anderen Worten, den Scheideweg erreicht – den Augenblick der Entscheidung, vor dem die meisten jungen Menschen stehen, wenn sie ins Leben treten. Und ich traf meine Entscheidung, und diese Entscheidung veränderte meine Zukunft von Grund auf. Sie hat mein Leben von da an so glücklich und lebenswert gemacht, wie ich es mir nie hätte träumen lassen.

Und das war meine Entscheidung: Ich würde die Arbeit aufgeben, die ich verabscheute, und da ich vier Jahre am staatlichen Lehrerkollegium in Warrensburg, Missouri, studiert hatte, um Lehrer zu werden, würde ich meinen Lebensunterhalt damit verdienen, Erwachsene an Abendschulen zu unterrichten. Dann hätte ich tagsüber Zeit, Bücher zu lesen, den Unterricht vorzubereiten und Romane und Kurzgeschichten zu schreiben. Ich wollte «leben, um zu schreiben, und schreiben, um zu leben».

Dale Carnegie

Dale Carnegie hat nie den großen amerikanischen Roman geschrieben, aber sein bemerkenswerter Erfolg als Lehrer, als Geschäftsmann und als Autor von Ratgebern hat viele Menschen weltweit angeregt und inspiriert. All das hat er dadurch erreicht, daß er sich Ziele gesetzt, diese Ziele den Umständen gemäß angepaßt und versucht hat, nie aus den Augen zu verlieren, wohin er als nächstes steuerte.

Die Olympiasiegerin Mary Lou Retton ging im zweiten Jahr zur High-School in West Virginia, einem Bundesstaat, der noch nie eine Weltklasseturnerin hervorgebracht hatte.

«Ich war ein Niemand», sagt sie, «und ich war die Nummer eins im Bundesstaat.» Sie war eine kleine Vierzehnjährige, die bei einem Wettkampf in Reno, Nevada, auftrat. Und an dem Tag trat der große Bela Karolyi in Mary Lous Leben, der rumänische Trainer, der Nadja Comaneci zur olympischen Goldmedaille geführt hatte.

«Er war der König des Turnsports», erinnert Retton sich. «Er tippte mir auf die Schulter und sagte mit starkem rumänischem Akzent: ‹Mary Lou, komm zu mir, und ich mache aus dir eine Olympiasiegerin.›»

Der erste Gedanke, der Retton durch den Kopf schoß, war: «Ach, das wird ja doch nichts.»

Doch von allen Turnerinnen in der Sporthalle von Reno war sie Bela Karolyi aufgefallen. «Wir setzten uns also hin und unterhielten uns», erinnert Retton sich. «Er sprach mit meinen Eltern und sagte: ‹Hören Sie, es gibt keine Garantie dafür, daß Mary Lou in die Olympiamannschaft aufgenommen wird, aber ich glaube, sie hat das Zeug dazu.›»

Was für ein Ziel! Seit frühester Kindheit hatte sie insgeheim davon geträumt, einmal bei Olympischen Spielen mitzumachen. Und das jetzt aus dem Mund des berühmten Mannes zu hören – was Retton betraf, stand ihr Ziel damit fest.

«Es war ein hohes Risiko für mich», sagt sie. «Ich würde meine Familie und Freundinnen verlassen, bei einer Familie wohnen, die ich noch nie gesehen hatte, und mit Mädchen trainieren, die ich überhaupt nicht kannte. Es setzte mir sehr zu. Ich hatte Angst. Ich wußte nicht, was auf mich zukam. Aber ich war auch gespannt. Dieser Mann wollte mich trainieren. Mich, die ich völlig unbekannt war. Ich war auserkoren worden.»

Und sie hatte nicht vor, Karolyi zu enttäuschen. Zweieinhalb Jahre später gewann Mary Lou Retton nach mehreren Höchstnoten die olympische Goldmedaille im Turnen für die Vereinigten Staaten – und mit ihr einen Platz im Herzen der Menschen.

Ziele geben uns etwas, auf das wir zusteuern können. Sie bündeln unsere Anstrengungen. Sie ermöglichen uns, unseren Erfolg zu messen.

Setzen Sie sich also Ziele – Ziele, die herausfordern, aber auch realistisch sind, Ziele, die eindeutig und meßbar sind, kurzfristige und langfristige Ziele.

Wenn Sie ein Ziel erreicht haben, halten Sie kurz inne, um sich auf die Schulter zu klopfen. Dann brechen Sie zum nächsten Ziel auf, ermutigt, gestärkt, beflügelt durch das, was Sie bereits geleistet haben.

Harvey Mackay, Bestsellerautor von Wirtschaftsbüchern, drückt es so aus: «Ein Ziel ist ein befristeter Traum.»

Howard Marguleas ist Chef der Firma Sun World, die landwirtschaftliche Produkte herstellt, und einer der kalifornischen Großfarmer der neuen Generation. Das wurde er, weil er sich Ziel nach Ziel setzte und erreichte. Jahrelang beobachtete Marguleas das Auf und Ab der Landwirtschaft – fette Jahre, magere Jahre, so wenig zu berechnen wie zu kontrollieren. Zumindest sagten alle, daß der Obst- und Gemüseanbau so sei.

Aber Marguleas hatte ein Ziel: Er wollte neue und einmalige landwirtschaftliche Erzeugnisse entwickeln, denen die schwankende Nachfrage der Käufer nichts anhaben konnte. «Diese Branche ist nicht anders als das Immobiliengeschäft», überlegte Marguleas. «Wenn der Markt flau ist, hat man ernsthafte Schwierigkeiten, es sei denn, man hat etwas absolut Einmaliges zu bieten. Wenn man selbst auch nur Kopfsalat, Karotten oder Orangen anbaut wie alle anderen und darüber hinaus nichts zu bieten hat, geht es einem nur gut, wenn das Angebot knapp ist. Ist das Angebot jedoch groß, läuft es nicht gut. Und genau darauf wollten wir uns einstellen, die Gelegenheiten aufspüren, die sich bieten, wenn man anders ist, eine Marktnische finden.»

So wurde die Idee von der besseren Paprika geboren. Sie haben richtig gelesen: bessere Paprika. Marguleas sagte sich: Wenn ich eine Paprika entwickeln kann, die würziger ist als die Sorten, die die anderen anbauen, werden die

Lebensmittelhändler sie dann nicht in guten wie in schlechten Zeiten im Laden haben wollen?

Und das tat er und entwickelte die Paprika Le Rouge Royal. «Es ist eine längliche, dreilappige Paprika», erklärt Marguleas. «Man hatte uns gesagt: ‹Es muß eine rechtekkige Paprika sein, wenn sie sich verkaufen soll.› Und als wir diese Paprika probierten – Farbe, Geschmack, alles andere –, wußten wir, daß uns etwas gelungen war. Wir wußten: Wenn wir das Produkt richtig förderten, bewarben und in den Handel brachten und einen guten Namen fanden, konnten wir es den Käufern schmackhaft machen. Und wenn sie es einmal probiert hatten, würden sie auch dabei bleiben.»

Marguleas lernte aus alldem dies: «Niemals mit dem zufrieden sein, was man macht. Immer versuchen, Wege zur Verbesserung dessen zu finden, was man macht, selbst wenn das als Verstoß gegen die Traditionen einer Branche betrachtet wird.»

Wer es versäumt, sich eigene Ziele zu setzen, wird, wie Marguleas sagt, ein «Ich auch», jemand, der mitläuft, aber nicht führt, und dem es gutgeht, wenn die Lage gut ist. Aber wenn der Wind rauher weht, fällt er unweigerlich zurück.

Wer sich Ziele setzt – ehrgeizige Ziele, aber Ziele, die auch erreichbar sind –, ist jemand, der seine Zukunft anpackt, jemand, der Außergewöhnliches leistet.

Der Sportschuhhersteller Reebok setzte sich ein hohes unternehmerisches Ziel: den Starbasketballer Shaquille

O'Neal gewinnen. Viele andere große Unternehmen wollten ihn ebenfalls als Werbefigur haben.

«Es ging darum, ihn davon zu überzeugen, daß wir am engagiertesten waren, daß wir bereit waren, ein Programm für ihn zu entwerfen, das keiner sonst auf die Beine gestellt hätte», sagt der Werbeleiter von Reebok.

Das gesamte Unternehmen schaltete einen Gang hoch. «Wir schufen eine Werbekampagne, bevor er hier war. Wir schufen sie eigens für ihn. Wir gaben Geld dafür aus und knieten uns hinein in die Sache. Wir hatten uns total darauf festgelegt, ihn zu bekommen. Wir gingen ein Wagnis ein. Wir nahmen ein Risiko auf uns. Wir investierten Geld, Zeit und Engagement.» Manchmal ist es das, worum es beim Zielsetzen geht. «Es wäre ein erheblicher Schlag gewesen, wenn wir verloren hätten. Aber wenn wir nicht so weit gegangen wären, dann hätten wir den Spieler auch nicht bekommen.»

Ziele sind nicht nur für ein Unternehmen wichtig. Sie sind auch die Bausteine, aus denen erfolgreiche Karrieren gemacht sind.

Jack Gallagher arbeitete im Reifenbetrieb seiner Familie, wo er schon so ziemlich alles gemacht hatte – Rechnungswesen, Buchhaltung, Herstellung und Verkauf. Aber all diese Erfahrungen hatten ihn in einem bestärkt: Er wollte nicht länger im Reifengeschäft arbeiten.

Eines Tages lief Gallagher ein Schulfreund über den Weg, der als Assistent des Verwaltungsdirektors in einem Krankenhaus arbeitete. «Das würde ich auch gern machen», sagte Gallagher zu ihm. «Ich würde den Menschen gern helfen. Ich wäre gern in einem großen Betrieb und würde eine Gruppe für die richtige Sache führen.» Zwischen Jack Gallagher und dem Posten eines Verwaltungsdirektors in einem Krankenhaus standen allerdings einige mächtige Hürden – ein entsprechendes Studium zum einen und ein Krankenhauspraktikum zum anderen. Aber Gallagher hatte sein Ziel und ging sofort daran, die Hürden zu nehmen.

Er ließ nicht locker, bis er an der Yale-Universität studieren konnte. Er bekam ein Stipendium. Er beschaffte sich ein Darlehen von einer lokalen Bank. Nachts arbeitete er in der Verwaltung des Universitätskrankenhauses. Und als er schließlich sein Examen hatte, bewarb er sich um eine Assistentenstelle in der Verwaltung.

«Ich führte ein Einstellungsgespräch mit dem Chef der Krankenhausleitung», erinnert Gallagher sich. «Ich bin wohl drei Minuten bei ihm gewesen, da hatte ich ihn schon überzeugt. Er stellte mir eine merkwürdige Frage. Er wußte, daß ich verheiratet war und drei Kinder hatte. Er fragte: ‹Wie wollen Sie eigentlich finanziell über die Runden kommen?› Sie zahlten damals dreitausendneunhundert für einen Assistenten.»

Gallagher weiß noch genau, was er antwortete. «Sehen Sie, Mr. Hausman, das habe ich mir überlegt, lange bevor ich hierherkam. Ich mußte alles regeln, damit ich in der Assistenzzeit ein Auskommen hatte und dann einen Verwaltungsposten übernehmen konnte.»

Er hatte ein Ziel. Er plante jede Einzelheit. Er arbeitete unermüdlich darauf zu. Heute ist er Krankenhausdirektor.

Arthur Ashe, der inzwischen verstorbene Tennischampion, gibt ein weiteres Beispiel. Fast im Alleingang riß Ashe die für Farbige bestehenden Barrieren im professionellen Tennis nieder, einem Sport, der bis dahin fast ausschließlich Weißen vorbehalten gewesen war. In seinen letzten Lebensjahren kämpfte Ashe einen heldenhaften Kampf gegen Aids und weckte auf den Straßen der Ghettos und in den Wohnsilos das Bewußtsein für diese Krankheit.

Sein Leben bestand darin, sich Ziele zu setzen und zu erreichen. Für Ashe begann es als Jugendlicher auf dem Tennisplatz. Dort lernte er, was es heißt, etwas zu erreichen, ein Ziel nach dem anderen.

«Das Selbstvertrauen verwandelt, wie ich glaube, den Menschen», erklärte er. «Und es erfaßt auch andere Lebensbereiche. Man hat nicht nur Zutrauen in das eigene Können als Sportler, Handwerker, Wissenschaftler, sondern wahrscheinlich entwickelt man generell das Selbstvertrauen, auch andere Dinge gut zu erledigen und die gleichen Grundsätze vielleicht auf andere Aufgaben oder Ziele anzuwenden.»

Die Ziele müssen realistisch sein und erreichbar. Machen Sie nicht den Fehler zu glauben, Sie sollten oder könnten alles auf einmal schaffen. Vielleicht können Sie den Mond dieses Jahr nicht erreichen. Planen Sie also eine kürzere Reise. Setzen Sie sich ein Zwischenziel.

Schritt für Schritt brachte Ashe sich in die große Tenniswelt. «Meine ersten Trainer», erinnerte sich Ashe, «gaben eindeutige Ziele vor, auf die ich mich einließ. Die Ziele hießen nicht unbedingt, ein Turnier zu gewinnen. Es waren einfach Dinge, die wir als schwierig betrachteten, die einige harte Arbeit erforderten und etwas Planung. Und es gab eine Art stillschweigende Belohnung, wenn ich diese Ziele erreichte. Wie gesagt, es ging nicht unbedingt darum, dieses oder jenes Turnier zu gewinnen. Und ganz allmählich, bevor ich mir dessen bewußt wurde und nachdem ich diese kleinen Ziele auf meinem Weg erreicht hatte, hieß es ganz plötzlich: ‹He, ich stehe kurz vor dem großen Durchbruch.›»

So ging Ashe jedes harte Match an. «In einem Turnier wollte man ins Viertelfinale kommen. Oder in einem Match wollte man mindestens eine bestimmte Anzahl Rückhandpassierschläge anbringen. Oder man wollte die Ausdauer so weit verbessern, daß man bei großer Hitze nicht müde wurde. Das sind Ziele, die einem helfen, sich nicht auf jenes langfristige, schwer faßbare Ziel zu kaprizieren – das Ziel, die Nummer eins zu werden oder das ganze Turnier zu gewinnen.»

Den meisten großen Herausforderungen begegnet man am besten mit mehreren Zwischenzielen. Das ist ein weit ermutigenderes Verfahren – und auch sehr viel motivierender.

Dr. James D. Watson, der Entdecker der DNS-Struktur und Nobelpreisträger, hat sich in einen lebenslangen

Kampf gegen den Krebs begeben. Ist das sein einziges Ziel? Selbstverständlich nicht. Das könnte kein Mensch auf die Dauer ertragen. Watson hat sich und seinen Kollegen im Labor eine Reihe kleinerer Ziele gesetzt, Ziele, die sie auf ihrem Weg zum letzten Sieg jedes Jahr erreichen.

«Es gibt so viele verschiedene Krebse», erklärt Watson. «Einige davon werden wir heilen können. Es werden hoffentlich noch einige mehr. Aber man muß sich Zwischenziele stecken. Das Ziel ist nicht, morgen den Dickdarmkrebs zu besiegen. Das Ziel ist, die Krankheit zu verstehen. Und da gibt es viele verschiedene Schritte. Niemand möchte eine Niederlage einstecken. Man bezieht sein Glück aus dem Erreichen jeweils eines kleinen Ziels.»

So funktioniert das. Sich kleine Ziele setzen. Sie erreichen. Sich neue, etwas größere Ziele setzen. Sie erreichen. Erfolg haben.

Manchmal wird sich der Erfolg planmäßig einstellen, manchmal wird es länger dauern, als Sie gedacht haben, und manchmal werden Sie nicht erreichen, was Sie sich vorgenommen hatten. Einige Dinge sollen einfach nicht sein. Das entscheidende ist, weiterzuplanen und weiterzurackern. Sie kommen ans Ziel, Sie werden sehen.

Ohne feste Ziele treibt man viel zu schnell einfach so dahin und übernimmt nie richtig Verantwortung für sein Leben. Die Zeit wird vergeudet, weil nichts besonders dringend ist. Es gibt keine Frist. Nichts muß *heute* erledigt werden. Man kann alles beliebig verschieben. Ziele geben uns eine Richtung und halten uns auf Kurs.

Wie werden intelligente Ziele geschaffen? In den meisten Fällen genügt etwas Nachdenken, aber es gibt einige nützliche Techniken, sich auf die Aufgaben zu konzentrieren. Treten Sie einen Schritt zurück und fragen Sie sich: «Was möchte ich eigentlich wirklich sein? Was für ein Leben möchte ich führen? Bin ich jetzt auf dem richtigen Weg?» Dieser Rat macht Sinn, egal, wie weit man auf seinem Berufsweg schon gekommen ist.

Sobald Sie festgelegt haben, was Ihre Ziele sind, bringen Sie sie in eine Rangfolge. Man kann nicht alles auf einmal erledigen, und so müssen Sie sich fragen: Was kommt zuerst? Welches Ziel ist für mich jetzt am wichtigsten? Versuchen Sie dann, Ihre Zeit und Energie zu organisieren, um über diese Prioritäten nachzudenken. Das ist häufig der anspruchsvollste Teil.

Um Prioritäten für seine Ziele zu setzen, folgt der Verleger einer amerikanischen Wirtschaftszeitschrift dem Rat, den er von einem befreundeten Psychologen bekommen hat. «Er forderte mich auf, ein Blatt Papier zu nehmen und von oben nach unten eine Linie durch die Mitte zu ziehen. Dann sollte ich auf die linke Seite eine beliebige Zahl schreiben. Ich nahm die Zehn. Nun sollte ich die zehn wichtigsten Dinge niederschreiben, die ich in meinem Leben vor der Pensionierung erreichen wollte, egal, wann das wäre, mit hundert, sechzig oder fünfzig.

Man schreibt diese zehn Dinge auf, beispielsweise eine schöne Pension, eine glückliche Ehe, Gesundheit und so

weiter. Dann nimmt man diese zehn Punkte und schreibt sie auf der rechten Seite in der Reihenfolge auf, wie sie einem am wichtigsten erscheinen. Einer der Punkte wird also die Nummer eins und so fort.»
Eine Simplifikation? Vielleicht. Aber auch hilfreich. Auf diese Weise fand der Verleger einige Dinge über sich heraus, von denen er nichts geahnt hatte. «Ich stellte fest, daß eine Arbeit, eine gutbezahlte, feste Arbeit, eine Arbeit, die ich gerne mache, etwa an siebter Stelle steht.» Wenn man erst einmal seine Nummer eins, zwei, drei bis sieben bestimmt hat, wird es um einiges einfacher, vernünftige Ziele zu finden.

Es ist normal, wenn diese Zielsetzungen sich im Lauf der Jahre entwickeln und ändern. «Vor meiner Heirat kam ich an den Wochenenden nur nach Hause, um die Zeitung zu lesen», gesteht ein Universitätsprofessor. «Ich hatte sonst nichts zu tun. Ich war gerne im Labor. Es war für mich eine Art zweites Zuhause. Forschung macht süchtig», hat er festgestellt. «Sie ist unglaublich verlockend und treibt einen bis an die geistigen Grenzen. Man macht Entdeckungen, und es gibt nichts Vergleichbares.»

Doch das Leben ändert sich, die Sachzwänge ändern sich, und auch die Ziele sollten neu bewertet werden. «Jetzt, wo ich eine Familie habe», erzählt der Professor weiter, «ist es mir sehr schwer gefallen, meine Gewohnheiten zu ändern, aber ich habe sie geändert. Man muß sich einfach sagen, daß man nicht alles machen kann.»

Unternehmen genauso wie Einzelpersonen brauchen

Ziele, und es gelten die gleichen grundlegenden Regeln, wenn sie darangehen, ihre Ziele zu definieren: sie klar formulieren, sie auf das Wesentliche beschränken und nicht zu viele auf einmal aufstellen.

Das Großunternehmen Motorola z. B. wurde während der letzten Jahre im Prinzip mit nur drei spezifischen Zielen geführt, die klar definiert waren: weiterhin alle zwei Jahre «10-X Verbesserungen erreichen», «die Stimme des Kunden bekommen» und in fünf Jahren «die Zeit für den Bearbeitungszyklus um den Faktor 10 verringern».

Machen Sie sich keine Gedanken darüber, was das im einzelnen heißen könnte. Wichtig ist hier, daß das Unternehmen seine Ziele formuliert hat. Diese Ziele werden in der Firma ohne weiteres verstanden. Sie sind zwar anspruchsvoll, aber sie sind erreichbar. Der Fortschritt ist leicht meßbar. Und wenn diese Ziele erreicht sind, hat das Unternehmen eine außerordentliche Leistung vollbracht.

Diese drei speziellen Ziele bieten also ausreichend Aussichten für die Zukunft, um damit ein ganzes Unternehmen zu führen. Überlegen Sie, was drei genauso klare, genauso realistische Ziele im Leben eines Menschen bewirken können.

Setzen Sie sich Ziele, die klar, anspruchsvoll und erreichbar sind.

12 Konzentration und Disziplin

1933 kam dem Blumenzüchter David Burpee die Idee, das Aschenputtel unter den Blumen schön und attraktiv zu machen: die Ringelblume, eine süßliche Pflanze, die leider eine schlechte Eigenschaft hatte: einen unangenehmen Duft.

Deshalb machte sich David Burpee daran, eine Ringelblume zu züchten, die die Nase entzückte, statt zu schockieren. Er wußte, daß dies nur auf eine Art zu erreichen war, nämlich eine sogenannte Mutation zu finden, eine einzelne Blume, die ausnahmsweise nicht diesen unangenehmen Duft hat. Er suchte also in der ganzen Welt nach Ringelblumensamen und brachte es auf 640 verschiedene Sorten. Er pflanzte sie an, und als sie blühten, ging er hin und roch. Alle dufteten penetrant. Es war ziemlich frustrierend, aber er suchte weiter, und schließlich schickte ihm ein Missionar aus Tibet Samen einer Ringelblume, die überhaupt nicht duftete und eine unscheinbare Blüte hatte.

David Burpee kreuzte diese Blume mit einer seiner großblütigen Arten und pflanzte die Kreuzung auf 140 000 m² an. Als sie in voller Blüte stand, rief er seinen Vorarbeiter und gab ihm eine Anweisung, die diesen an Burpees Verstand zweifeln ließ. Burpee sagte seinem Vorarbeiter, er solle auf allen vieren über die 140 000 m² krabbeln und an jeder einzelnen Blume riechen.

Wenn er nur eine Blume ohne Duft, aber mit großer Blüte fände, sei das schon genug. «Dazu brauche ich fünfunddreißig Jahre», sagte der Vorarbeiter. So erhielten die Stellenvermittlungsbüros der Region einen Auftrag, wie sie ihn noch nie bekommen hatten, nämlich zweihundert Blumenriecher zu besorgen.

Diese Blumenriecher nahmen ihre Arbeit auf. Einen seltsameren Anblick hat es noch kaum gegeben, aber Dave Burpee wußte, was er tat. Und eines Tages kam einer der Blumenriecher über das Feld zum Vorarbeiter gelaufen.

«Ich habe sie», rief er. Der Vorarbeiter folgte ihm zu der Stelle, wo der Mann einen Pflock in die Erde gesteckt hatte. Kein Zweifel, von einem unangenehmen Duft keine Spur.

Dale Carnegie

Margaret Thatcher hat Großbritannien durch einige der schwierigsten Jahre in der Geschichte des Empires geführt – eine Zeit, in die der Falklandkrieg, eine weltweite Wirtschaftskrise und genügend soziale Unruhen für ein paar Jahrzehnte fielen. Diese Jahre ruinierten so manche vielversprechende politische Karriere, und als Premierministerin von Großbritannien (ganz zu schweigen davon, daß sie die erste Frau in diesem Amt war) bezog sie mehr als genug Prügel. Doch eins mußten selbst ihre politischen Gegner zugeben: Die eiserne Lady wurde nicht ein einziges Mal schwach. Woher nahm sie die Kraft unter diesem Druck?

«Wenn man ein Land wie Großbritannien führt», erklärte Thatcher kurz nach ihrem Rücktritt, «ein starkes

Land, ein Land, das in guten wie in schlechten Zeiten eine Führungsrolle in der Welt gespielt hat, ein Land, das auf Glaubwürdigkeit hält, muß man schon etwas Eisernes an sich haben.»

Es sei wirklich nicht so schwierig, wie die ehemalige Premierministerin sagte. Zielstrebig bleiben. Selbstdisziplin wahren. Unbedingt Erfolg haben wollen. «Ich kenne niemanden, der ohne harte Arbeit nach oben gekommen ist», fuhr sie fort. «Das ist das Rezept. Es wird einen nicht immer an die Spitze bringen, aber wahrscheinlich doch in die Nähe.»

Maggie Thatcher hat begriffen: Ein klares Ziel vor Augen haben, etwas, das man wirklich anstrebt, an sich glauben und beharrlich sein und sich nicht ablenken lassen – diese einfachen Regeln befolgen, im Geschäftsleben, in der Familie, beim Sport, in der Politik, und die Erfolgschancen multiplizieren sich ungeahnt.

Ivan Stewart war ein Mann, der ein Ziel hatte. Sein ganzes Leben hatte er davon geträumt, Geländerennen über lange Strecken zu fahren – Rennen über fünfhundert, tausend, tausendfünfhundert Kilometer durch wildes Gelände, bei denen man sich stundenlang voll konzentrieren mußte und stundenlang sein Kreuz spürte. Aber Stewart war leitender Angestellter in einer Baufirma, hatte eine Frau und drei heranwachsende Kinder und eine Hypothek abzuzahlen. Er hatte Verpflichtungen. Es sprach alles dagegen, daß er sein Ziel erreichen würde. Aber er hatte auch einen Plan und sehr viel Energie.

«Ich wollte ins Renngeschäft kommen, und deshalb bastelte ich an Rennwagen herum, nach der Arbeit und an den Wochenenden. Dann hatte ich eine Chance zu fahren, einfach mitzufahren. Ich dachte natürlich damals nicht im Traum daran, daß ich es jemals professionell machen würde», sagt Stewart.

Und eines Tages war die Gelegenheit da. Ein Fahrer, mit dem Stewart zusammengearbeitet hatte, brach sich unmittelbar vor einem Rennen ein Bein. Der Wagen war startklar und gemeldet. Der Fahrer hatte keine andere Wahl, als Stewart ans Steuer zu lassen.

So ging Stewart mit seinem Freund Earl Stahl als Beifahrer in das Rennen. Alles endete im Chaos. Sie fuhren gegen eine Böschung. Sie saßen im Dreck fest. Die anderen Wagen rasten vorbei. Die eine Chance, sich zu bewähren, schien unwiederbringlich dahin.

«Wir waren inzwischen das Schlußlicht», erzählt er, sich an das erste Rennen erinnernd. «Alle waren vorbei. Alle dreißig Sekunden startete ein Wagen, und es waren etwa sechzig, siebzig Wagen im Rennen. Alle waren an uns vorbei. Und hier saßen wir, Earl und ich, als letzte. Wir schafften noch fünfzehn, zwanzig, dreißig Kilometer oder so, als der Gaszug riß. Jetzt konnte ich nicht einmal mehr fahren. Ich sagte: ‹Earl, schnapp dir einen Gabelschlüssel.› Earl holte einen Gabelschlüssel aus dem Werkzeugkasten, und ich zog den gerissenen Seilzug heraus, der gerade so lang war, daß ich ihn um den Gabelschlüssel wickeln konnte. Binnen fünf oder zehn Minuten hatten wir ein funktionierendes Handgas, so daß ich Gas geben und kuppeln und mit einer Hand lenken konnte. Aber nichts da mit Servolenkung. Nur Entschlossenheit – ich *will* fahren.

Ich sagte zu Earl: ‹Ich brauch dich zum Schalten›, weil es ein Vierganggetriebe war. ‹Ich stoß dich mit dem Ellbogen, wenn ich den Gang wechseln will.› Ich gab also Gas, hatte die Kupplung getreten, aber wir waren völlig durcheinander, und er hatte den falschen Gang drin. Aber irgendwie ging's dann ganz gut. Ich gab Gas und nahm das Gas weg. Ich kuppelte, stieß ihn mit dem Ellbogen an, und er schaltete hoch. Hin und wieder ging es daneben, weil er runterschaltete, wenn ich einen höheren Gang brauchte, oder umgekehrt. Aber wir arbeiteten uns ein. Und bald wurde uns eins klar – dies ist ein 500-km-Rennen. Wir holen uns einen und dann den nächsten. Teamarbeit. Ja, wir machten Fortschritte. Nicht lange, und wir fuhren ein richtiges Rennen. Wir fuhren. Um es kurz zu machen: Wir gewannen das Rennen. Wir gewannen dieses 500-km-Rennen.» Diese Zielstrebigkeit und Selbstdisziplin braucht man, um das Rennen in allen Lebenslagen zu gewinnen.

Stewart machte weiter und wurde der Geländefahrer Nummer eins in Amerika. Er gewann die prestigeträchtige Iron-Man-Trophäe von Valvoline – Weltmeisterschaft und Olympiasieg in einem – so oft, daß seine Fans ihn nur noch Iron Man nennen. Und mit siebenundvierzig Jahren, was für diesen knochenharten Sport ein hohes

Alter ist, hat Stewart soeben einen weiteren Dreijahresvertrag mit seinem Sponsor Toyota unterschrieben.

«Sie wissen, ich werde älter, und es kommen eine Menge junge Burschen nach.» Aber das ist nur eine weitere Herausforderung, nicht ein Grund zum Aufgeben. Wer weiß, vielleicht fährt Iron Man noch mit sechzig Rennen. Dieser Einsatz – egal, auf welchem Gebiet – unterscheidet die Erfolgstypen von den Versagern.

Einsatz ist auch das einzige große Geheimnis, wenn man hohe Summen aufbringen will, sagt der Chef einer großen Investitionsbank. «Vor ein paar Jahren», erinnert er sich, «hatten wir einen Auftrag, für unser Geschäft zweihundert Millionen Dollar aufzubringen. Wir brachten zwei Komma drei Milliarden ein. Das war der zweitgrößte Betrag, der jemals für einen reinen Beteiligungsfonds zusammengetragen wurde. Ich glaube, einen sehr großen Anteil an dem Erfolg hatte das Einfach-Dranbleiben, die Bereitschaft, daranzugehen und sich nicht abwimmeln zu lassen. Ein Nein nicht als Antwort zu akzeptieren, die Bereitschaft, darauf zurückzukommen. Die Bereitschaft, am Drücker zu bleiben. Die Bereitschaft herauszufinden, warum jemand nein gesagt hat – und denjenigen vielleicht dazu zu bringen, ja zu sagen.»

Der Finanzchef einer New Yorker Lebensversicherungsgesellschaft lernte seine Beharrlichkeit von seinem Vater. «Seine große Liebe war die Trompete», sagt der Versicherungsmann von seinem Vater. «Er spielte in einigen der besten Big Bands, ein richtiger Ausnahmetrompeter.»

Aber selbst der Vater hörte nie auf, die Grundlagen zu üben. «Er spielte Tonleitern», erinnert sich der Sohn. «Da ist jemand, der bereits einer der besten Trompeter im Land ist, und was macht er? Er spielt Tonleitern. Stundenlang, tagelang. Er sagte mir, wenn er die Tonleitern beherrsche und sie schnell spielen könne, könne er jedes Stück lernen, das es gibt.»

Dieselbe unerschütterliche Zielstrebigkeit brachte im Abstand von sechzehn Jahren auch zwei Gouverneure aus den amerikanischen Südstaaten bis ins Weiße Haus. Der eine war ein Erdnußfarmer aus Georgia namens Jimmy Carter. Der andere kam aus dem kleinen Ort Hope in Arkansas und heißt Bill Clinton.

Als Carter 1976 seine Kampagne begann, gab ihm kaum einer der Profis aus der großen Politik eine Chance. Außerhalb Georgias hatte kaum jemand jemals etwas von ihm gehört; er sah sich mehreren hochkarätigen Mitgliedern der Demokratischen Partei gegenüber, und die erste größere Wahlkampfhürde war ausgerechnet New Hampshire – ein Bundesstaat weitab von der vertrauten Basis in Georgia.

Als Clinton sich 1992 bewarb, glaubte man, daß er einer ähnlich großen Übermacht gegenüberstehe. Er war zwar etwas bekannter, als es Carter gewesen war, aber nicht viel, und der amtierende republikanische Präsident hatte gerade einen äußerst populären Krieg gewonnen.

Wollte man den führenden Experten des Landes glauben, hatte keiner der beiden Gouverneure eine große

Chance. Am Ende der ersten Vorwahlen schienen die beiden Südstaatler schon aus dem Rennen zu sein. Doch dazu kam es natürlich nicht, und dafür gibt es einige Gründe. Keiner war so wichtig wie die Zielstrebigkeit und Disziplin dieser beiden Kampagnen.

Im Verlauf dieser aufreibenden Rennen hatten beide Männer oftmals Grund aufzugeben. Für Carter war es neben seiner Unbekanntheit vor allem die Bedrohung durch Ted Kennedy und die nagende Erkenntnis, daß Kennedy, nicht Carter, die Wahl der «echten Demokraten» war. Für Clinton waren es die verleumderischen Behauptungen von Gennifer Flowers, die zermürbenden Leitartikel, die Macht des amtierenden Präsidenten und ein Mann namens Perot.

All die Widrigkeiten hielten Carter 1976 nicht auf. Und sie stoppten auch Clinton 1992 nicht. Und der Hauptgrund dafür war beide Male, daß beide Männer sich auf ihr Ziel konzentrierten. Sie wußten genau, was sie erreichen wollten. Sie arbeiteten auf ein Ziel hin, einen Traum, den beide seit ihrer Kindheit träumten. Sie waren daher überdurchschnittlich motiviert. Sie schufteten wie besessen und ließen den Ball nicht aus den Augen, und sie holten sich den Preis.

Beharrlichkeit ist das zweite Glied der Gleichung. Um im Leben das zu bekommen, was man möchte, muß man an sich glauben und bereit sein, am Ball zu bleiben. Versuchen Sie es wieder und wieder und wieder.

Burt Manning von J. Walter Thompson, einer der

größten Werbeagenturen der Welt, fing als Werbetexter an. Er war der einzige «kreative Kopf», der das Unternehmen jemals leitete, das so große Kunden wie Ford, Lever Brothers, Nestlé, Kellogg, Kodak und Goodyear betreut hat.

Sicher, Begabung und Kreativität sind in einer so hartumkämpften Branche wie der Werbung unerläßlich, aber ohne hartes, zielstrebiges und beharrliches Arbeiten können die größte Begabung und Kreativität vergeblich sein. Das hat Manning ganz früh in seiner Karriere aus erster Hand erfahren.

Manning schlug seinem ersten großen Kunden etwas vor, das er für eine tolle Idee hielt. Der Kunde war die Brauerei Schlitz, und der Slogan, den Manning bringen wollte, sollte einmal so bekannt werden wie: «Und läuft und läuft und läuft.» Er lautete: «Wenn du kein Schlitz mehr hast, hast du kein Bier mehr.» Manning wollte diese Werbung unbedingt machen, aber so schwer es heute fällt, es zu glauben, Schlitz zog nicht mit. Die Brauer hielten die ganze Idee für zu negativ. Sie wollten etwas Optimistischeres.

Manning gab nicht nach. Immer wieder trat er bei dem Kunden an und präsentierte die Kampagne, insgesamt sechs Mal. Er erinnert sich an das letzte Treffen: «Ich konnte nur deshalb so oft damit kommen, weil ich ein Verhältnis zu diesem Kunden hatte, das mir das erlaubte, ohne daß ich rausgeschmissen worden wäre. Beim sechsten Mal sagte er: ‹Also gut. Ich glaube nicht, daß es richtig ist, aber wenn ihr Jungs das meint, probiert es aus.»

Der Rest ist Geschichte. Mannings Begabung und Kreativität schufen eine erstklassige Werbekampagne, doch nur durch seinen Einsatz und seine Beharrlichkeit wurde sie auch realisiert. Dale Carnegie hat den Grundsatz so formuliert: «Geduld und Beharrlichkeit erreichen in dieser Welt mehr als ein fulminanter Schlag. Denken Sie daran, wenn einmal etwas schiefgeht.

Lassen Sie sich durch nichts entmutigen», schrieb er. «Machen Sie weiter. Geben Sie nie auf. Das war die Maxime der meisten Menschen, die Erfolg hatten. Selbstverständlich gibt es Rückschläge. Das wichtige ist, sie zu überwinden. Wenn Ihnen das gelingt, gehört die Welt Ihnen.»

Praktisch bedeutet dies, daß Sie sich klarmachen müssen, was das eigentliche Ziel ist – ob es um den Verkauf einer Anzeigenkampagne, den Sieg bei einem Autorennen oder um die Wahl zum Präsidenten der Vereinigten Staaten geht. Und dann arbeiten Sie ganz konsequent auf dieses Ziel zu.

Und achten Sie darauf, durchzuhalten. Das ist nicht immer leicht. Man muß sich dazu erziehen, Schritt für Schritt voranzugehen, jedes Detail jeder Aufgabe jederzeit auszuführen. Erst dadurch wird jemand für ein Unternehmen wertvoller, für eine Organisation wichtiger, für die Kollegen und Freunde vertrauenswürdiger – wenn er oder sie jedes Detail voll durchzieht.

Mehr als 4 Millionen Menschen in 80 Ländern haben ein Dale Carnegie Training® mitgemacht.

Der Dale Carnegie Kurs®
Für alle, die wirkungsvoller sprechen und Menschen führen wollen, die Stress abbauen müssen und neue Motivation suchen.

Dale Carnegie Führungs-Training für Manager®
Für Unternehmer, Manager und Führungskräfte, die richtigen Umgang mit Mitarbeitern im Vordergrund sehen.

Dale Carnegie Verkaufs-Training®
Für Verkäufer, Verkaufsleiter und alle, die im Verkauf nach intern wie extern in ihrem Unternehmen erfolgreicher werden wollen.

Dale Carnegie Präsentations-Training®
Für alle, die vor Gruppen reden und sich selbst, ihr Unternehmen oder ihre Produkte wirksam präsentieren wollen.

Oder:
Frage Sie uns nach einer massgeschneiderten Lösung spezifisch für Ihre Firma.

Mehr Information?
Bitte rufen Sie an.

In Deutschland:
Nordost
Dale Carnegie Training®
Dr. Jürgen Kramer
Schlehenweg 41, 21244 Buchholz
Telefon 04187-60 66

Nordwest, Sachsen, Thüringen
Dale Carnegie Training®
Hajo Sommerfeld
Postfach 11 10, 28801 Stuhr (bei Bremen)
Telefon 04 21-89 10 11

Rhein-Ruhr
Dale Carnegie Training®
Dieter Alten (komm.)
Wasmannstrasse 15, 22307 Hamburg
Telefon 040-691 43 72

Mitte, Südwest
Dale Carnegie Training®
Jup Juppe
Postfach 83 11 63, 65913 Frankfurt
Telefon 0 69-38 70 38

Südost und Österreich
Dale Carnegie Training®
Willi Zander
Von-Millau-Strasse 12, 85604 Zorneding
(bei München)
Telefon 0 81 06-2 00 91

In der Schweiz:
Dale Carnegie Training®
Kurt Straumann
Lettenstrasse 7, 6343 Rotkreuz
Telefon 042-64 22 82

Wenn Sie dieses Buch von Dale Carnegie gelesen haben, möchten Sie vielleicht mehr über das Dale Carnegie Training® wissen.

Vorweg:
Dale Carnegie hat dieses Buch als Lehrbuch für seine Kurse geschrieben.

Das heisst:
Was Sie über Dale Carnegie's Regeln und Grundsätze gelesen haben, wird in den Dale Carnegie Seminaren praktisch ausprobiert, eingeübt und vertieft.

Es gibt heute verschiedenste Dale Carnegie Trainingsprogramme.

Sie werden in 80 Ländern der Welt durchgeführt. Ständig weiterentwickelt und auf die Welt von heute zugeschnitten.

Ein Rat von Dale Carnegie: «Vergessen Sie nicht, dass Sie die in diesem Buch aufgestellten Regeln und Leitsätze nur dann automatisch anwenden, wenn Sie sie immer wieder eingeübt und wiederholt haben.»

Und der beste Weg, die Regeln einzuüben und zu wiederholen ist ein Dale Carnegie Seminar.

Fordern Sie Informationen an. Adressen finden Sie auf der Rückseite.

Dale Carnegie Training®

Wer sich als zuverlässig erweist, bekommt auch mehr Gelegenheiten zu zeigen, wie zuverlässig er wirklich ist. «Die Leute wissen, daß sie sich auf den Betreffenden verlassen können», sagt der leitende Manager einer Beratungsfirma. «Sie bitten ihn, etwas zu erledigen, und brauchen sich keinen Wiedervorlagevermerk zu machen. Sie wissen, daß er es erledigen wird. Das ist Zuverlässigkeit. Seien Sie nicht einer jener tranigen Typen, die keine Anrufe beantworten, die eine Notiz vom Chef bekommen und nicht recht wissen, was sie antworten sollen, sie zur Seite legen und dann vergessen.»

In diesen unzähligen alltäglichen Kleinigkeiten, die Disziplin verlangen, liegt der Erfolg oder der Mißerfolg. «Es sind die alten Regeln, wie pünktlich zu einer Verabredung zu erscheinen, Zusagen einzuhalten und stolz auf die eigene Arbeit zu sein», sagt der Geschäftsführer eines Versandunternehmens. «Wenn Sie ein Akkreditiv stellen, müssen Sie Schritt eins bis vier durchziehen. Sie können Schritt drei nicht auslassen. Fehler sind kostspielig. Übereilen Sie nichts. Prüfen Sie die Einzelheiten, und behalten Sie das Ziel im Auge.»

Fernsehproduzent Ross Greenburg entdeckte 1990, wie wichtig Disziplin und Konzentration sind, an dem Abend nämlich, als Mike Tyson von Buster Douglas k.o. geschlagen wurde. Tyson war damals der unumstrittene Schwergewichtsweltmeister. Douglas war zwar ein harter Bursche, galt aber bis zum ersten Gong als krasser Außenseiter.

Bis zum Kampf Tyson gegen Douglas hatte Greenburg bereits über einhundert Titelkämpfe für das Fernsehen produziert. Aber selbst ein so alter Hase wie Greenburg kann durch unerwartete Ereignisse in seiner Konzentration durcheinandergebracht werden.

Greenburg erinnert sich: «Etwa in der zweiten Runde wurde klar, daß es bei Douglas lief, bei Tyson aber überhaupt nicht. Tyson hatte drei oder vier Geraden eingesteckt, und wir stürzten uns natürlich sofort auf diese unerwartete Wendung.» So weit, so gut.

«In der vierten Runde schlug Douglas eine Kombination, die Tyson ins Wanken brachte, und wir hörten einen lauten Aufschrei über unsere Leitung. Jedem in unserem Übertragungswagen wurde klar, was wir da miterlebten. Einen der ganz seltenen Augenblicke ließen wir uns vom sportlichen Geschehen hinreißen, statt an unsere Arbeit zu denken. Als ich das merkte, sagte ich: ‹Leute, alle ganz ruhig. Denkt daran, wir haben hier zu arbeiten. Wenn ihr euch zu sehr von den Ereignissen packen laßt, verliert ihr die Arbeit aus den Augen.› Mehr mußte ich nicht sagen. Sofort unterbanden alle die instinktive Reaktion auf den Kampf, und jeder wandte sich wieder dem zu, was er zu tun hatte – die Zuschauer an den Fernsehern mit dem bestmöglichen Bildmaterial zu versorgen.»

Schnitzer bei Live-Übertragungen darf man sich im Fernsehen kaum leisten. «Wenn ich mich einen Moment hinreißen lasse und Douglas anfeuere, kriege ich meine Bandmaschinen und Werbeeinblendungen nicht mehr auf die Reihe. Meine Bildregisseure können die Szenen dann nicht mehr rechtzeitig abfahren, damit Sie die Wiederholung sehen können, wenn die Runde vorbei ist.»

Aber Greenburg gibt zu, daß selbst er an jenem denkwürdigen Abend nahe daran war, den Überblick zu verlieren. «Ich werde nie den Augenblick vergessen – nie –, als Tyson zu Boden ging. Es war, als würde ich einen geschichtlichen Rückblick auf die Schwergewichtsweltmeisterschaften lesen, und in der Sekunde sah ich, wie die Seite umblätterte, und ich kam zu einem neuen Kapitel und dem neuen Weltmeister im Schwergewicht. Das Bild nehme ich mit ins Grab: Tyson–Douglas ... Vielleicht kommt ja noch einmal so ein Ereignis. Ich kann jedenfalls sagen: ‹Ich bin dabeigewesen.›»

Eiserne Konzentration auf das Wesentliche ist nicht nur beim Sportfernsehen wichtig. Im Fall von Dr. Scott Coyne entschied dieselbe Konzentration und Disziplin buchstäblich über Leben und Tod.

Coyne, ein Radiologe, war der erste Arzt vor Ort, als an einem scheußlichen Januarabend eine Boeing 727 der Avianca in der Nähe seines Hauses auf Long Island abstürzte. Über eine Stunde war Coyne der einzige Arzt am Unglücksort.

Passagier für Passagier widmete er sich den Verletzungen. Außerdem mußte er die Menschen beruhigen. Für all das hatte er ein oder zwei Minuten pro Passagier, und das ohne mit den Leuten reden zu können, denn die meisten Verletzten waren Kolumbianer und sprachen kein

Englisch. Coynes Spanischkenntnisse gingen über «*doctor, doctor*» kaum hinaus. Er verständigte sich, indem er sich mit jeder seiner Fasern hundertprozentig konzentrierte, wie er sagt. Und er fand einen Weg, daß es klappte.

«Ich hatte ein Stethoskop um», erinnert er sich an diesen aberwitzigen Abend. «Ich sagte immer wieder ‹*doctor*›. Einige Passagiere weinten und schrien. Man weiß nicht, ob sie aus Angst oder vor Schmerzen schreien. Ich verständigte mich mit ihnen, indem ich ihr Gesicht berührte. Man konnte die Schwere ihrer Verletzungen in etwa daran erkennen, wie sie einen ansahen.

Ich mußte die Fassung bewahren und sie halten und versuchen, sie durch meinen Ausdruck, durch Berührungen zu beruhigen. Es war unmöglich, sie zu fragen, wo sie Schmerzen hatten, wie schwer die Schmerzen waren, ob sie Schmerzen am Rücken hatten. Ich mußte jeden Patienten buchstäblich von Kopf bis Fuß untersuchen. Und während ich sie so der Reihe nach untersuchte, entdeckte ich diese irrwitzigen Brüche. Ich habe nie solche schrecklichen Brüche gesehen. Ich gab schmerzstillende Spritzen, so gut es eben ging, und ging dann zum nächsten Patienten, und alles fing wieder von vorne an. Es war furchtbar. Und sie konnten einem nichts sagen. Man konnte nicht einmal sagen: ‹Zeigen Sie, wo›, damit man wußte, ob sie einen verstanden hatten. Es war ein unwirkliches Erlebnis.»

Konzentration. Absolute, hundertprozentige Konzentration. Das ließ Coyne durchhalten.

Coyne konzentrierte sich so uneingeschränkt, daß alles um ihn herum einfach ausgeblendet war. Er merkte erst, wie konzentriert er gewesen war, als er später auf einem Seminar über Streßmanagement über das Ereignis sprach. Die anderen Teilnehmer der Gruppe schilderten das ganze Chaos, das man unter solchen Umständen erwarten kann: Rettungsmannschaften, Feuerwehrleute, quäkende Funkgeräte, schreiende Überlebende und Helfer, die alle durcheinanderrufen. Coyne hörte von alldem nichts.

«Mir ist in Erinnerung, wie ruhig es war. Es schien alles so ruhig und geordnet. Ich hörte überhaupt nichts. Ich mußte mich derart konzentrieren, daß ich gar nichts hörte. Ich war wie in Trance. Alles, woran ich mich erinnere, ist, daß ich in völliger Stille umherlief. Das einzige, was ich hörte, waren etwa eine Stunde später die Hubschrauber. Es kamen Hubschrauber, um die Verletzten abzutransportieren.»

Konzentration, die Fähigkeit, Ablenkungen zu ignorieren und nur auf das zu achten, was wichtig ist – das machte den Unterschied an jenem Abend aus und half, so viele Menschenleben zu retten.

Der wirkliche Leader verliert nie die Übersicht.
Er behält das Wesentliche im Auge.

13 Das Gleichgewicht finden

In der Armee der Vereinigten Staaten hat man bei wiederholten Tests festgestellt, daß selbst junge Männer – Soldaten, die durch jahrelanges Training abgehärtet sind – besser marschieren und länger durchhalten, wenn sie pro Stunde zehn Minuten ihr Gepäck ablegen und sich ausruhen.

Ihr Herz ist nicht weniger gescheit als die U.S. Army. Es pumpt jeden Tag so viel Blut durch Ihren Körper, daß man damit einen Tankwagen füllen könnte. Es liefert alle vierundzwanzig Stunden so viel Energie, daß man damit zwanzig Tonnen Kohle auf eine einen Meter hohe Plattform schaufeln könnte. Und diese unglaubliche Arbeitsmenge leistet es fünfzig, siebzig oder gar neunzig Jahre lang. Wie hält es das aus? Dr. Walter B. Cannon von der Harvard Medical School hat es mir erklärt. Er sagte: «Die meisten Menschen meinen, das Herz arbeite ununterbrochen. Tatsächlich gibt es nach jeder Kontraktion eine Ruhepause. Bei einem normalen Puls von siebzig Schlägen pro Minute arbeitet das Herz von den vierundzwanzig Stunden nur neun. Die Ruheperioden belaufen sich insgesamt auf volle fünfzehn Stunden pro Tag.»

Während des Zweiten Weltkriegs arbeitete Winston Churchill, damals Ende Sechzig, Anfang Siebzig, jahrelang sechzehn

Stunden täglich und leitete die Kriegsoperationen Englands. Eine phänomenale Leistung. Sein Geheimnis? Er arbeitete jeden Morgen bis elf Uhr im Bett, las Berichte, diktierte Befehle, führte Telefonate und hielt wichtige Besprechungen ab. Nach dem Mittagessen legte er sich wieder hin und schlief eine Stunde. Abends ging er erneut ins Bett und schlief zwei Stunden, bevor er um acht zu Abend aß. Er ging nicht gegen die Müdigkeit an. Das brauchte er gar nicht. Er kam ihr zuvor. Weil er mehrmals ruhte, konnte er durcharbeiten, frisch und ausgeruht, bis lange nach Mitternacht.

Dale Carnegie

Tom Hartman ist seit über zwanzig Jahren Priester. Sein ganzes Leben ist dem Dienst an Gott und den Menschen gewidmet. Sein Tag besteht darin, Bedürftige zu trösten, für Kranke zu sorgen, Verzweifelten zu raten und zu versuchen, die Menschen Gott näherzubringen. Doch eins fehlte im geschäftigen Tagesablauf des Geistlichen.

Eines Morgens rief sein Vater im Pfarramt an. Damals betreute Hartman eine kleine Gemeinde auf Long Island. Hartman konnte sich nicht erinnern, während seiner Kindheit und auch in seiner Zeit als Priester jemals gehört zu haben, daß seine Eltern etwas Negatives über ihn gesagt hätten. Doch an diesem Morgen am Telefon klang die Stimme seines Vaters etwas gereizt.

«Tom, ich würde mich gern mal mit dir zusammensetzen und über etwas sprechen», sagte sein Vater.

Als sie schließlich zusammentrafen, kam sein Vater sofort auf das zu sprechen, was ihn beschäftigte. «Tom», sagte er, «deine Mutter und ich bewundern dich. Wir hören immer wieder, wieviel Gutes du tust, und wir sind stolz auf dich. Aber ich meine, du vernachlässigst deine Familie. Ich weiß, du mußt vielen Menschen helfen, aber von denen kommen viele und gehen wieder. Deine Familie ist jedoch immer für dich da. Wenn du uns überhaupt noch anrufst, so nur noch, um uns um etwas zu bitten. Du bist offenbar zu beschäftigt, dir die Zeit für ein wirkliches Gespräch mit uns zu nehmen.»

Hartman war kurze Zeit sprachlos. «Dad», begann er schließlich, «als Kind habe ich dich beobachtet. Du hast siebzig Stunden die Woche im Obst- und Gemüsehandel gearbeitet. Und ich muß sagen, ich habe dich bewundert. Und weißt du, ich habe versucht, es genauso zu machen.»

Aber sein Vater schien nicht überzeugt zu sein. «Du siehst eins nicht, Tom: daß deine Arbeit anstrengender als meine ist», sagte er. «Ich habe körperlich gearbeitet. Obst und Gemüse. Aber dann bin ich nach Hause gekommen und war bei meiner Familie.» Hartman wußte nicht, was er antworten sollte. Er war von dem Gespräch so mitgenommen, daß er alle Termine für diesen Tag absagte. Dann beschloß er, seine Geschwister anzurufen. Später schilderte er, was er am Telefon erlebt hatte. «Ich rief an», erzählte er, «wir sprachen kurz miteinander, und dann kam jedesmal die gleiche Frage: ‹Was willst du?› Da mußte ich erkennen, daß mein Vater recht hatte.»

Selbst ein Mann, dessen Berufung es ist, sich um die

Belange der Menschen zu kümmern, brauchte jemanden, der ihn daran erinnerte, daß er in mindestens einem Bereich seines Lebens nicht das tat, was er predigte. Diesen Fehler begeht jeder von uns zuweilen.

Es ist für uns alle unerläßlich, unser Leben ins Gleichgewicht zu bringen, Raum zu schaffen für andere Dinge als die Arbeit. Das macht das Leben des einzelnen nicht nur glücklicher und zufriedener. Es macht die Menschen fast zwangsläufig auch energischer, zielstrebiger und produktiver bei der Arbeit.

Der Chef eines Dienstleistungsunternehmens vergleicht ein ausgeglichenes, produktives Leben mit einem «Baum mit vielen Wurzeln, der breit abgestützt ist». Die meisten Menschen führen nach seiner Meinung ein einseitiges Leben. Sie denken pausenlos nur an ihre Karriere.

«Nach meinen Erfahrungen hält diese einseitige Ausrichtung das ganze Leben an», sagt er. «Ich halte es für wichtig, daß unser Leben einem gesunden Baum gleicht, dessen Wurzeln für die verschiedenen Bereiche stehen können – für die Familie, für die Freunde, für die Hobbys, die Gesundheit, für den Beruf. Ich habe viele Beispiele erlebt von Leuten in den Dreißigern, Vierzigern und Fünfzigern, deren berufliche Ziele sich nicht so verwirklicht haben, wie sie erwartet hatten. Das bringt Unruhe, oftmals Krisen für diejenigen, die sich nur um ihre Karriere gekümmert haben.»

Das ist selbst für außergewöhnlich erfolgreiche Menschen ein Problem. «Irgendwann im Leben», so der

Dienstleistungsunternehmer weiter, «möchte man etwas anderes. Es ist möglich, Freundschaften und Interessen nach der Lebensmitte aufzubauen. Aber sehen Sie einmal einem Fünfzigjährigen zu, der zum ersten Mal auf einem Fahrrad sitzt.» Es ist kein besonders erbaulicher Anblick.

Wie wichtig Ausgewogenheit für den einzelnen und die Unternehmen ist, die ihn beschäftigen, wird erst jetzt allmählich verstanden. Gutgeführte Unternehmen versuchen jedoch überall, ihren Beschäftigten zu helfen, ihr Leben ausgewogen zu gestalten.

In der New Yorker Zentrale einer Vermögensberatungsgesellschaft ist direkt neben dem Büro des Direktors ein komplett ausgestatteter Trainingsraum eingerichtet worden. Alle Beschäftigten der Firma werden animiert, ihn zu nutzen.

«Die Größe des Sportstudios wird demnächst verdreifacht», erklärt der Direktor stolz. «Die jungen Leute kommen nach der Arbeit alle hierher. Die Tatsache, daß sie hier sind und nicht in irgendeinem der vielen Fitneßcenter der Stadt ist ein großes Plus für uns. Sie reden miteinander. Sie tauschen Ideen aus. All das wirkt sich positiv aus für uns.» Und offensichtlich auch gut für sie – körperlich und geistig.

«Ich glaube, man kann kein großer Manager oder Chef sein, ohne eine Gesamtpersönlichkeit zu sein», sagt der Chef einer Computerfirma, die in Nord- und Südamerika tätig ist, und er führt einen passenden Vergleich an. «Wenn man Sportler sein möchte, etwa ein Speerwerfer, genügt es nicht, den stärksten Arm zu haben. Man braucht den ganzen Körper im Einklang, um stark zu sein.»

Und wenn man eine wirkliche Führungspersönlichkeit sein möchte, braucht man alle Bereiche des Lebens, um stark und intakt zu sein. «Ein guter Geschäftsführer, der ausgezeichnete Entscheidungen trifft und viel Geld im Unternehmen macht, aber nicht mit seiner Frau, seinen Kindern und anderen Menschen generell auskommt, dem fehlt etwas Entscheidendes in seinem Leben. Wenn man sich entfalten und ein guter Leader sein will, muß man ein ganzer Mensch sein. Und das wichtigste dabei ist die eigene Familie.»

Ein Manager der Ford-Automobilfirma vertritt gegenüber seinen Beschäftigten den gleichen Gedanken. «Wir sagen unseren Leuten: ‹Euer Leben hat zwei Seiten›», erklärt er. «‹Wenn ihr eure Identität ausschließlich bei Ford findet, wird es problematisch, denn ihr habt auch Verantwortung gegenüber eurer Familie.›»

Es läßt sich nicht leugnen, daß die meisten heutigen Leader nicht jederzeit eine perfekte Ausgewogenheit erreichen. Die vielen Bälle, mit denen jongliert wird, sind nicht immer ohne weiteres im Spiel zu halten. Ehrgeizige Menschen neigen dazu, dem Geschäftlichen Vorrang einzuräumen. Es ist scheinbar so viel dringender, so viel unaufschiebbarer, so viel wichtiger.

Ein New Yorker Versicherungsmanager sieht sich verschiedenen zeitlichen Anforderungen gegenüber, räumt aber freimütig ein, daß es auch ihm schwerfällt, all die widerstreitenden Interessen in seinem Leben in Einklang zu bringen. «Ich kämpfe jeden Tag darum, Ausgewogenheit in mein Leben zu bringen», sagt er. «Ich könnte buchstäblich jede Stunde, die ich wach bin, arbeiten und wüßte doch nach einem Jahr immer noch nicht all das, was ich gern wüßte. Es ist sehr schwierig.»

Das ist es tatsächlich. Ein vernünftiges Verhältnis zwischen Arbeit und Freizeit zu finden ist eine große Herausforderung. Aber es lohnt die Mühe, sich dieser Herausforderung zu stellen.

Der Manager eines Finanzkonzerns hat den Wert erkannt, den ein glückliches Familienleben mit sich bringt. «Für mich hat es nie einen Zweifel gegeben, was am wichtigsten ist», sagt er. Ein toller Titel? Gehalt? Aktienbezugsrechte? Ein Landhaus? «Das wichtigste für mich sind auf lange Sicht ich selbst, meine Frau und meine Familie.»

Was heißt das praktisch? «Ich versuche, mir ein Gefühl dafür zu bewahren, was recht und billig ist, und wenn ich mich zu sehr in die Arbeit gestürzt habe und meine Familie zu kurz gekommen ist, sage ich: ‹So geht es nicht weiter. Ich werde an diesem Geschäftsessen nicht teilnehmen, ich werde mein Familienleben nicht hintanstellen.›»

Die meisten Menschen würden, wenn man sie direkt fragte, dem wahrscheinlich zustimmen. Die Familie ist wichtiger. Die Freizeit ist unentbehrlich. Aber die meisten Menschen setzen das nicht in die Tat um. Für sie hat die Ausgewogenheit keinen hohen Stellenwert. Sie verfallen in die Gewohnheit, dem unmittelbaren Druck der Arbeit nachzugeben und die unmittelbaren und langfristigen Freuden zu mißachten, die aus einem befriedigenden Privatleben erwachsen.

Nachdem er erkannt hatte, wie sehr er sein Privatleben vernachlässigt hatte, erzog sich Monsignore Hartman dazu, Zeit zu «vergeuden». «Ich versuche, eine Stunde am Tag nichts zu tun», erklärt Hartman. «Ich vergeude Zeit mit Gott, mit Menschen, mit der Natur, mit meiner Arbeit. Es hat meine Sichtweise geändert. Jetzt sehe ich die Verbindungen, die zwischen uns bestehen. Es ist so wichtig, die Dinge nicht nach Bedarf zurechtzubiegen, sondern sie anzunehmen.» Nehmen Sie Ihre Familie an, Ihre Freunde, Ihre Umwelt, sich selbst, alles, was Sie von der Arbeit ablenkt.

Wolfgang Schmitt von Rubbermaid macht abends meistens einen Spaziergang mit seiner Familie. «Es ist ungewöhnlich, wenn wir nicht rausgehen», erklärt Schmitt. «Wenn die älteren Söhne zu Hause sind, gehen sie mit. Der Kleine kommt immer mit, weil er ja zu Hause wohnt. Wir sind vierzig Minuten, eine Stunde oder auch länger unterwegs, bei jedem Wetter.»

Schmitt achtet auch darauf, Zeit für sich allein zu haben. «Sich körperlich betätigen ist Therapie. Laub zusammenharken, Sträucher beschneiden, Bäume pflanzen. Alle Arbeiten im Haus sind Therapie.»

Bill Makahila von Thompson nimmt sich jeden

Tag etwas Zeit für sich selbst – auch wenn das bedeutet, daß er um drei Uhr früh aufstehen muß. Makahila beschreibt sein allmorgendliches Programm so: «Ich bin den ganzen Tag beschäftigt. Normalerweise bin ich bis sieben oder acht Uhr abends hier, und ich weiß, daß ich auch morgens hier sein muß. Ich habe mir angewöhnt, morgens zu meditieren. Es ist so still. Ich kann mich ausstrecken, kreativ sein, lesen oder über meinen Tagesablauf nachdenken. Danach habe ich Seelenfrieden und Selbstvertrauen, selbst wenn ich mitten in Problemen stecke, von denen ich weiß, daß ich tagsüber mit ihnen konfrontiert werde.»

Ein anderer Manager joggt. Außerdem macht er mit Frau und Sohn viermal im Jahr Urlaub, läuft Ski oder macht Strandlauf. Er achtet darauf, Bücher zu lesen, die nichts mit der Arbeit zu tun haben, und wenn alles nichts hilft, «gehe ich einfach nach draußen, setze mich auf die Planken und sehe den Möwen zu».

Wenn Sie sich bewußt werden, wie sehr Sie Ihre Freizeit genießen, übertragen Sie etwas von diesem Geist auf Ihre Arbeit. Wo steht geschrieben, daß das Büro ein trister Ort sein muß?

Nicht bei der Ford Motor Company jedenfalls. Dort konnte die Ungezwungenheit bis in die Führungsetage vordringen. «Wenn jemand neu in den Vorstand kommt», erklärt der Geschäftsführer Marketing, «bekommt der Neue eine Mickymaus-Uhr. Die feierliche Übergabe erfolgt im großen Kreis. Alles kommt und schaut zu, und irgend jemand hält eine Rede: ‹In unserem Unternehmen brauchen Sie nicht fünfundzwanzig Jahre zu warten, bis Sie eine Armbanduhr bekommen. Hier ist Ihre Uhr. Und wenn Sie auf die Uhr schauen, soll Sie Mickymaus daran erinnern, Spaß bei der Arbeit zu haben.›»

Ein amerikanischer Fernsehjournalist hat Churchills bewährte Methode des Ausspannens übernommen und ihr eine eigene Note gegeben. «Das einzige, was ich mit großen Leuten gemeinsam habe – das einzige –, ist, daß ich ganz kurz schlafen kann und dann wieder frisch bin», sagt er. «Ich kann mich in einen Sessel setzen und drei oder fünf Minuten schlafen, und dann wache ich wie nach einem tiefen Schlaf auf. Wenn ich mit meinen Vorbereitungen fertig bin, gehe ich oft in mein Büro und sage: ‹Weckt mich zwei Minuten vor Sendebeginn.› Und zwei Minuten vorher kommen und wecken Sie mich, und ich mache die Sendung.

Meine Frau lacht darüber», fährt er fort. «Sie sagt: ‹Wenn du zum Tod verurteilt würdest und solltest in zwei Stunden erschossen werden, würdest du die erste Stunde ein Nickerchen machen und in der zweiten über das Bevorstehende nachdenken.› Wahrscheinlich stimmt das. Vielleicht wäre es in dieser Lage wirklich das beste, ein bißchen zu schlafen.»

Es ist immer das beste, ein echtes Gleichgewicht im Leben anzustreben – im Büro, zu Hause, unterwegs, wo Sie auch gerade sind.

Der Songwriter Neil Sedaka war mit einem jungen

Pärchen befreundet, das ehrgeizige Ziele hatte, aber es sich auch gern gutgehen ließ. Im Lauf der Jahre hatten beide enormen beruflichen und finanziellen Erfolg, aber es blieb dabei etwas auf der Strecke: das Gleichgewicht, das einmal in ihrem Leben geherrscht hatte. Sedaka schrieb einen Song über die beiden, der ein absoluter Hit wurde: *The Hungry Years*.

«Sie rackerten, um ganz nach oben zu kommen», erinnert Sedaka sich. «Erfolg und Geld. Aber als sie es schließlich geschafft hatten, merkten sie, daß ihnen die Euphorie und der Idealismus des Anfangs fehlten.

Es ist so, wie wenn man sagt: ‹Ich möchte dieses Traumhaus da haben.› Und dann bekommt man es tatsächlich, zieht ein und fragt sich nach ein paar Monaten: ‹Ist das alles? War es das?› Man vermißt die Jahre, in denen man gemeinsame Ziele hatte. Man hat etwas von dem Spaß und dem Gleichgewicht im Leben verloren.» Materieller Erfolg ist nichts Verwerfliches, aber er allein garantiert noch kein glückliches Leben.

Wie kann man Ausgewogenheit in sein Leben bringen? Der erste Schritt besteht darin, Zeit für die Familie, für den Sport oder für die Freizeit nicht mehr als verlorene Zeit zu betrachten. Erfolgreiche Menschen haben oft das Bedürfnis, sich für ihre Freizeit zu entschuldigen. Machen Sie sich von diesem Gedanken frei. «Ausspannen» ist kein unanständiges Wort.

Und das bringt uns zum zweiten Schritt: Man muß sich Zeit nehmen für die Freizeitgestaltung. Die meisten von uns sind zu sehr eingespannt. Vielleicht ist es an der Zeit, die Prioritäten neu zu überdenken. Beschließen Sie, Ihre Freizeit genauso intensiv zu planen wie Ihren Arbeitstag.

Der dritte Schritt ist das Handeln. Tun Sie etwas. Befassen Sie sich mit Dingen, die nichts mit Ihrer Arbeit zu tun haben. Das wird Sie glücklicher machen, gesünder, zielstrebiger und letztlich auch zu einer besseren Führungskraft.

> Ständige Höchstleistungen erwachsen aus einem Gleichgewicht zwischen Arbeit und Muße.

14 Eine positive Lebenseinstellung finden

Ich wurde in einer Rundfunksendung einmal gebeten, in drei Sätzen die wichtigste Lektion zu schildern, die ich je gelernt habe. «Die wichtigste Lektion, die ich je gelernt habe», erwiderte ich, «betrifft die ungeheure Bedeutung dessen, was wir denken. Wenn ich wüßte, was Sie denken, wüßte ich, wer Sie sind, denn Ihre Gedanken machen Sie zu dem, was Sie sind. Wenn wir unser Denken ändern, können wir unser Leben ändern.»

Ich weiß heute mit absoluter Sicherheit, daß das größte Problem, das Sie und ich haben – im Grunde fast das einzige Problem, das wir haben –, das Problem ist, sich für das richtige Denken zu entscheiden. Wenn uns das gelingt, sind wir auf dem glücklichen Weg, all unsere Probleme zu lösen. Der große römische Kaiser und Philosoph Mark Aurel hat es in acht Worten zusammengefaßt, acht Worten, die über Ihr Geschick entscheiden können: «Unser Leben ist, was unser Denken daraus macht.»

Wenn wir glückliche Gedanken denken, werden wir glücklich. Wenn wir traurige Gedanken denken, werden wir traurig. Wenn wir ängstliche Gedanken denken, werden wir ängstlich. Wenn wir kränkliche Gedanken denken, werden wir wahrscheinlich krank. Wenn wir an ein Scheitern denken, werden wir sicher scheitern. Wenn wir uns in Selbstmitleid ergehen, wird uns jeder meiden.

Befürworte ich eine zu optimistische Haltung gegenüber all unseren Problemen? Nein. So einfach ist das Leben leider nicht. Aber ich befürworte mit allem Nachdruck, eine positive statt einer negativen Haltung anzunehmen.

Dale Carnegie

Denis Potvin war der bestgehaßte Mann im Madison Square Garden. Von der Sekunde an, da er an jenem Abend auf das Eis kam, wurde der Kapitän der New York Islanders mit nicht enden wollenden Buhrufen überschüttet.

Der Madison Square Garden war die Heimarena der New York Rangers, der Erzrivalen der Islanders. Potvins Stärke als Eishockeyspieler, seine Offenheit und seine läuferischen Fähigkeiten hatten ihn zu dem Spieler gemacht, den die Fans der Rangers am liebsten haßten.

«Es wurde so schlimm, daß meine Mannschaftskameraden nicht mehr wußten, was sie machen sollten», erinnert Potvin sich. «Ich weiß noch, wie ich vor Spielbeginn an der blauen Linie stand. Ich hatte den Helm abgenommen, wie ich es immer tat, wenn die Nationalhymne gespielt wurde. Die gegnerischen Fans fingen an, mit Gegenständen zu schmeißen. Ich hörte etwas dicht an meinem Ohr vorbeizischen. Mir lief eine Gänsehaut über den Rücken. Ich hatte richtiggehend Angst.»

In dem Augenblick hatte der Hockeystar die Wahl. Er konnte sich von all der Feindseligkeit überwältigen lassen. Buchstäblich Tausende von Leuten schrien ihren Haß gegen ihn heraus. Er konnte sich von der Angst und der Wut vom Eis treiben lassen, oder er konnte vor dieser aufgebrachten und möglicherweise gefährlichen Menge spielen.

Potvin entschloß sich zu spielen. Er verwandelte die feigen Drohungen in eine persönliche Herausforderung. Er nutzte die ganze negative Energie und nährte mit ihr eine unglaubliche positive Kraft. Und all das vollzog sich in Denis Potvins Kopf.

«Ich habe an dem Abend sehr gut gespielt», sagt er im Rückblick auf diesen feindseligen Abend. «Und von da an habe ich im Madison Square Garden immer sehr gut gespielt. Ich war bis in die Haarspitzen motiviert, denn meine einzige Möglichkeit, diesen Leuten zu antworten, war ein Sieg.

Wenn ich den Puck hatte, buhten sie. Wenn ich den Puck ins Netz jagte, buhten sie. Wenn ich einen Spieler angriff, buhten sie.

Mit einem Mal wurde es etwas, das über mich hinauswuchs. Da war Goliath, und hier war ich, der kleine David, mitten auf dem Eis. Aber ich hatte mich besser unter Kontrolle als irgend jemand in der Halle. Und ich nutzte diese Kontrolle. Im Garden spielte ich mir jedesmal die Lunge aus dem Leib.»

Geistige Einstellung. Die Kraft, die wir im Kopf haben. Die Wirklichkeit durch einen einzigen Gedanken dramatisch verändern.

«Denke glückliche Gedanken, und du wirst glücklich.

Denke erfolgreiche Gedanken, und du wirst Erfolg haben.» Oder auf das Eis im Hockeystadion angewandt: «Verwandle diese gewaltige Woge der Feindseligkeit in eine Quelle positiver Kraft.» Sind Dale Carnegie und Denis Potvin gemeinsam allen Schwierigkeiten davongelaufen? Wohl kaum. Beide kannten sie die Kraft der inneren Einstellung.

Anders als die meisten Menschen gerne glauben, entscheiden äußere Einflüsse im allgemeinen nicht über das Glück des einzelnen. Was zählt, ist, wie wir auf diese guten oder schlechten Einflüsse reagieren.

Marshall und Maureen Cogan waren finanziell und beruflich sehr erfolgreich. Er war Gesellschafter einer großen New Yorker Investmentbank. Sie war ein aufgehender Stern am Verlagshimmel und sollte Chefredakteurin einer Kunstzeitschrift werden. Ihre drei Kinder besuchten eine Privatschule und lernten gut. Die Cogans hatten eine schöne Eigentumswohnung in der Stadt und gerade ein Sommerhaus am Meer gebaut, das mehrere Architektur- und Designauszeichnungen bekam. Und die Kinder liebten das Haus genauso wie ihre Eltern.

Doch dann begann das Unglück. Marshall, den die Arbeit in der Bank zunehmend gelangweilt hatte, wollte es auf eigene Faust versuchen. Trotz der großen Erwartungen und des Zuspruchs seiner Kollegen und Freunde kam Marshalls neues Unternehmen nie richtig in Fahrt. Das Timing stellte sich als schlecht heraus – genau zu Beginn einer Rezession. Fast über Nacht war das Projekt, in das

Marshall sein gesamtes Geld gesteckt hatte, wertlos, und die Erträge, mit denen er gerechnet hatte, versiegten. Dann traf ihn ein weiterer vernichtender Schlag: Ausgerechnet in dem Moment, als der Kampf um seine Firma im kritischsten Stadium war, erkrankte Marshall an Gelbsucht, die ihn über einen Monat zu Hause ans Bett fesselte.

Die Banken hatten zwar viel Mitgefühl für Marshall, gaben aber in ihren Forderungen kein Jota nach: «Sie müssen das neue Haus verkaufen.» Es war schwer, seiner Frau die Hiobsbotschaft mitzuteilen. Er hatte keine Ahnung, wie sie und die Kinder reagieren würden.

Er hätte sich aber gar keine Gedanken machen müssen. «Dann verkaufen wir eben das Haus», sagte Maureen.

So verkauften die Cogans das Haus mit dem gesamten Inventar. Sie brauchten nur noch ihre Kleidung einzupacken, das Spielzeug der Kinder einzusammeln, das Licht auszumachen und die Tür abzuschließen.

«Wir werden das Haus mit den Kindern räumen», sagte Maureen am Tag, bevor die neuen Eigentümer einzogen.

Marshall widersprach. «Das sollten wir ihnen ersparen. Wir beide machen das.»

«Nichts da», widersprach Maureen. «Sie werden sehen, wie es ist, am Boden zu sein. Sie werden es begreifen, weil sie erleben werden, wie du wieder auf die Beine kommst, und sie werden begreifen, daß sie, wenn ihnen eines Tages so etwas widerfährt, ebenfalls wieder auf die Beine kommen.»

Also räumten Eltern und Kinder gemeinsam die Wohnung, und Maureen erklärte ihnen: «Wir haben zwar unser Ferienhaus nicht mehr, aber wir haben eine schöne Wohnung. Wir sind zusammen. Daddy ist wieder gesund und wird etwas Neues anfangen. Es wird alles gut.»

Das wurde es. Die Kinder mußten nicht einmal die Schule wechseln. Marshall hatte bald wieder eine Stelle und verdiente gut. Wichtiger als all das war jedoch, daß sie etwas gelernt hatten, eine Lektion, die fast zwanzig Jahre später Früchte trug.

Maureen erklärt: «Mein ältester Sohn hatte eine Firma, die er kurz nach der Gründung schließen mußte, damit sie nicht bankrott ging. Es war ein herber Schlag für ihn, und er war noch so jung, erst fünfundzwanzig. Aber er sagte: ‹Ich weiß noch, wie das Daddy passiert ist. Es wird schon wieder. Ich pack das schon. Ich weiß, daß ich es schaffen kann, denn ich habe das schon mal erlebt.›»

Wie entwickelt man eine solche positive Einstellung?

Machen Sie sie bewußt zu einem Hauptanliegen. Denken Sie jeden Tag daran. «Wenn Sie morgens die Füße auf den Boden stellen», sagt der Chef eines amerikanischen Produktionsunternehmens, «entscheiden Sie, ob es ein guter oder ein schlechter Tag wird, indem Sie Ihre Gedanken kontrollieren. Denn bei allem Respekt vor äußeren Einwirkungen, denen wir privat und geschäftlich jeden Tag ausgesetzt sind, selbst unter den ungünstigsten Umständen bestimmen weitgehend Sie, was für ein Tag es wird. Lachen Sie also über die Umstände, wenn es nötig ist. Es gibt Augenblicke, wo Händehochwerfen und Lachen das beste Mittel sind.»

Humor ist lebenswichtig. Vergessen Sie nie, daß Humor Ihnen hilft, den Blick für das Wesentliche zu bewahren. «Wenn die Dinge nicht so zu laufen scheinen, wie sie sollten, schalten Sie ab, nehmen Sie sich Zeit. Denken Sie über das nach, was vor sich geht und wie Sie darauf reagieren wollen. Sagen Sie sich: Geh zehn Schritte zurück und überlege, was du als nächstes tust.»

Es gibt tausend Dinge, die Sie reizen, bekümmern oder ärgern können. Lassen Sie es nicht zu. Lassen Sie sich von Kleinigkeiten nicht unterkriegen.

«Wenn man im Verkehr geschnitten wird, kann man nur zwei Dinge tun», sagt ein Zeitungsverleger, der wie die meisten Amerikaner viel Zeit hinter dem Lenkrad verbringt. «Man kann den anderen Fahrer zur Hölle wünschen und ihm ein eindeutiges Zeichen geben, oder man zuckt die Schultern und sagt sich: ‹So wie der fährt, wird es nicht lange dauern, dann hat er die Karre zu Schrott gefahren.›»

Beide Reaktionen haben kaum Auswirkungen darauf, wie schnell Sie im Büro sind. Mit einem Schulterzucken kommen Sie jedoch sehr viel zufriedener und in produktiverer Geisteshaltung dort an. Vielleicht verlängert es sogar Ihr Leben um ein paar Jahre.

Der Verleger ist nicht mit dieser gelassenen Einstellung auf die Welt gekommen. Er war vielmehr einer dieser ständig unter Hochspannung stehenden Menschen, der jedoch im Laufe der Jahre erkannte, wie selbstzerstörerisch das sein kann.

Nach schwierigen Jahren hatten Mary Kay Ash und ihr zweiter Mann so viel gespart, daß sie eine kleine Kosmetikfirma gründen konnten, ein Traum, den sie seit Jahren gehegt hatte.

Dieser Traum wäre beinahe geplatzt. «Am Tag vor der Eröffnung des Unternehmens», erinnert sie sich, «erlag mein Mann morgens beim Frühstück einem Herzanfall. Er hätte die Geschäftsleitung übernehmen sollen, denn ich verstehe von Verwaltung überhaupt nichts. Noch am Tag der Beerdigung setzte ich mich mit meinen beiden Söhnen und meiner Tochter zusammen, um zu entscheiden, was wir machen wollten. Sollte ich aufgeben oder weitermachen? All meine Träume schienen zu platzen wie Seifenblasen.»

Aber Mary Kay Ash glaubte zu sehr an sich, um aufzugeben. Ihr Sohn Richard, der gerade zwanzig war, erbot sich zu tun, was in seinen Kräften stand. Sie jedoch hatte Bedenken. «Wie wäre Ihnen zumute, wenn Sie einem Zwanzigjährigen Ihr ganzes Erspartes überlassen sollten? Ich konnte mir vorstellen, daß er Kisten schleppt, was ich nicht konnte. Ich wußte aber nicht, ob er eine Bestellung aufgeben konnte oder nicht.»

Doch Mary Kay Ash ließ sich nicht von ihren Zweifeln unterkriegen. Sie schickte sich nicht ohne weiteres in eine Niederlage. Und so machte sie weiter. «Das war der Anfang des Unternehmens. Richard hielt Wort und fing schon am nächsten Tag in der Firma an. Die Anwälte sagten: ‹Warum schmeißen Sie das Geld nicht gleich aus dem Fenster? Das geht ja doch nicht gut.› Und in der Zeitung lasen wir, wie viele Kosmetikunternehmen jeden Tag Pleite machten.»

Ihre positive Einstellung half ihr über all das hinweg. Sie sagte sich einfach immer wieder: «Ich glaube, man setzt sich immer für das ein, was man sich selbst erarbeiten muß.» Ist es bei dieser Haltung verwunderlich, daß Ash Erfolg hatte?

Positive, selbstbewußte Gefühle helfen einem nicht nur, mehr zu leisten. Auch andere Menschen fühlen sich zu denen hingezogen, die das Leben positiv betrachten. Wir sind gern von Freunden oder Mitarbeitern umgeben, die zufrieden und schöpferisch sind, die die Dinge mit einem «Wird gemacht», «Kein Problem» angehen. Genauso sicher ist, daß die ewig Jammernden keinen großen Zulauf haben.

Warum ist das so? Die Einstellung färbt auf andere ab. Das ist ein äußerst wichtiger Gedanke, den sich jeder merken sollte, der heute mit Erfolg führen will. Es gibt nur wenige noch stärkere Anreize als eine positive Einstellung.

Jeder von uns kennt Unternehmen, bei denen ein großer Teil der Mitarbeiter unzufrieden ist. Wie sind sie so geworden? Allmählich, ein Mitarbeiter nach dem anderen. Eine Führungspersönlichkeit muß diese Epidemie bekämpfen und beständig negative Gefühle und Einstellungen durch positive ersetzen.

Der Produktionsleiter einer amerikanischen Firma hat gelernt, wie wichtig es ist, sich auf das Positive zu konzentrieren und das Negative zu übergehen, und zwar von einem gescheiten Gewerkschaftsführer, der Arbeiter in einer Automobilfabrik vertrat. «Ein riesiges Werk, das sehr erfolgreich war», sagt der Produktionsleiter. «Dieser Mann konnte von sich sagen: ‹Ich habe den Wandel geschafft, als ich anfing, mich um die neunzig Prozent zu kümmern, die ja sagten, statt um die zehn Prozent, die nein sagten.› Das ist ein sehr einsichtiges Vorgehen, denn bei vielen Arbeitsverhandlungen geht es um die zehn Prozent, die immer Widerstand leisten. Die Leute sagen immer: ‹Bekehren wir sie.› Dieser Mann wußte es besser. Er sagte: ‹Das ist der falsche Weg. Ich arbeite mit den neunzig Prozent zusammen, die vorankommen wollen.›»

Der Produktionsleiter hat diese Haltung in seinem Unternehmen eingeführt. «Vielleicht», sagt er, «kann ich den einen oder anderen Neinsager noch auf meine Seite holen. Aber wenn neunzig Prozent bereit sind mitzumachen und sozusagen mit laufendem Motor warten, dann ist es Zeitverschwendung, ein paar Schlußlichter zu überzeugen.»

Eine der wichtigsten Aufgaben des Leaders ist demnach, einen positiven, selbstbewußten Ton anzuschlagen, der den anderen signalisiert, daß ein Scheitern gar nicht möglich ist.

Als Julius Cäsar mit seinen Legionen von Gallien über den Ärmelkanal nach dem heutigen England schiffte, sicherte er den Erfolg seines Heeres, indem er die Schiffe, die sie über den Ärmelkanal getragen hatten, alle in Flammen aufgehen ließ.

Da waren die Soldaten also, im feindlichen Land, das letzte Band zum Festland durchtrennt, die letzte Möglichkeit zur Rückkehr ein Raub der Flammen. Was blieb ihnen anderes übrig, als vorwärts zu marschieren? Was blieb ihnen anderes übrig, als zu erobern? Was blieb ihnen anderes übrig, als mit jeder Faser ihres Herzens zu kämpfen? Und genau das taten sie.

Eine solche positive, zupackende Einstellung, die nach vorne gerichtet ist, ist nicht nur bei einem Kampf wichtig, in dem es kein Zurück mehr gibt. Sie ist auch das Geheimnis für ein glückliches Leben und eine erfolgreiche Karriere. Sie ist der Grundstein zur Führung.

Das glaubt jedenfalls Hugh Downs. Der Veteran der amerikanischen TV-Moderatoren erinnert sich an einen Mann, mit dem er beim Fernsehen zusammenarbeitete, einen aggressiven, hyperehrgeizigen Fernsehmann, der nach oben wollte. «Es war fast schon krankhaft. Er wollte sich hocharbeiten, indem er andere ausnutzte und Türen auftrat, wie ich das genannt habe.»

Der Mann kam anfangs zwar voran, doch die Leute, die er vor den Kopf stieß, die Leute, die er ausnutzte und zu denen er unhöflich war bei seinem zielstrebigen Aufstieg, vergaßen nicht. Sie verachteten ihn mit seltener Einmütigkeit. Wenn er stolperte, was jedem von Zeit zu Zeit passiert, traten die Leute einfach zur Seite und ließen ihn fallen.

Downs dagegen hat an die Stelle aggressiven Ehrgeizes Geduld und große Aufmerksamkeit gesetzt. «Man muß auf Draht sein», erklärt er, «damit man in dem Moment, wo die Tür aufgeht, sofort reinsprinten kann. Wenn man eine Tür auftritt, kann sie zurückschwingen und dir ins Gesicht schlagen. Das ist diesem Mann, von dem ich sprach, zwei- oder dreimal passiert. Mir tun Leute leid, die meinen, sie müßten unzivilisiert vorgehen, um Erfolg zu haben. Wenn diese Methode irgendeinen Erfolg bringt, dann meistens nur kurzfristig. Am Ende ist sie nur schmerzlich, und man macht sich auf dem Weg nach oben eine Unmenge Feinde.»

Und so ein Aufstieg macht ganz bestimmt keine Freude.

Schöpfen Sie Kraft aus dem Positiven,
und lassen Sie sich vom Negativen nicht schwächen.

15 Sorge dich nicht – lebe!

Vor vielen Jahren klingelte ein Nachbar abends an unserer Tür und bedrängte mich und meine Familie, uns gegen Pocken impfen zu lassen. Er war nur einer von vielen tausend Freiwilligen, die in ganz New York an den Haustüren läuteten. Verängstigte Menschen standen stundenlang Schlange, um sich impfen zu lassen. Impfstellen wurden nicht nur in allen Krankenhäusern eingerichtet, sondern auch in Feuerwachen, Polizeirevieren und in großen Fabriken. Über zweitausend Ärzte und Schwestern arbeiteten fieberhaft Tag und Nacht, um die vielen Menschen zu impfen. In New York waren acht Personen an Pocken erkrankt – zwei waren gestorben. Zwei Tote bei einer Einwohnerzahl von fast acht Millionen.

Ich wohnte damals schon viele Jahre in New York, aber noch nie hatte jemand an meiner Tür geläutet, um mich vor einer Gemütskrankheit zu warnen, der Sorge – eine Krankheit, die im gleichen Zeitraum zehntausendmal mehr Schaden angerichtet hatte als die Pocken.

Kein Mensch hatte mich je darauf aufmerksam gemacht, daß jeder zehnte Einwohner der Vereinigten Staaten einen Nervenzusammenbruch erleidet – in den meisten Fällen ausgelöst durch Sorgen und seelische Konflikte. Deshalb schreibe ich diese Zei-

len, um an Ihrer Haustür zu klingeln und Sie zu warnen. Denn: Wer nicht weiß, wie er Sorgen zu bekämpfen hat, stirbt jung.

Dale Carnegie

Seit diesem Erlebnis Dale Carnegies ist es der Medizin gelungen, die Pocken auszurotten und viele Krankheiten, die die Menschen besonders beunruhigten, zu heilen, ja ihnen sogar vorzubeugen. Und sicher werden wir viele Krankheiten, die uns heute beunruhigen, in den vor uns liegenden Jahren ebenfalls ausmerzen oder heilen können. Aber was die Krankheit «Sorge» betrifft, haben wir anscheinend überhaupt keine Fortschritte gemacht. Sie wütet von Jahr zu Jahr schlimmer.

Das gilt nirgendwo mehr als in der schnellebigen Geschäftswelt von heute. Entlassungen, Aufkäufe und Umstrukturierungen von Unternehmen, Personalabbau, Kürzungen und die plötzliche Aufforderung, den Schreibtisch zu räumen. Verschlankung. Freisetzungen. Rationalisierungen. Man braucht bald ein Wörterbuch, um die ganzen Euphemismen auf eine Reihe zu bringen. Und wenn das noch nicht reicht, um ein oder zwei Magengeschwüre zu züchten, wie wäre es mit «Kostendämpfung» oder mit «feindlicher Übernahme»?

Firmen, die einmal als grundsolide galten, werden bis ins Mark erschüttert. Zahllose andere – große Namen aus der Welt der Wirtschaft – sind zerstückelt und abgetragen worden. Ganze Mittelmanagements haben sich in Luft aufgelöst. Welchen Manager der mittleren Ebene würde das nicht mit Sorge erfüllen? Unternehmen entledigen sich Betriebsbereichen wie Schlangen ihrer Haut. Welcher Bereichsleiter wäre da nicht beunruhigt? Und dann die neue Gattung der Firmenausschlachter, die sich lustvoll auf jede Firma stürzen, die ein paar Mark extra verspricht: Welcher sich in Sicherheit wiegende Unternehmer verspürte da nicht ein nervöses Zucken?

Sicher, Änderungen waren notwendig. Einige sogar überfällig. Die unverblümte Wahrheit ist die: Unternehmen, die nicht schlank und wettbewerbsfähig bleiben, die nicht kreativ und flexibel sind, die nicht schneller reagieren als die Konkurrenz, sind die Dinosaurier von heute. Und ihre Zukunftsaussichten sind genauso katastrophal.

Aber Wandel ruft Angst hervor. Wandel verursacht Streß. Er macht die Menschen nervös. Er beunruhigt sie. Keine Frage. Viele Annahmen, die einmal als unumstößlich galten – Annahmen, auf die Menschen ihr berufliches Leben gründeten –, erweisen sich als ganz und gar nicht unumstößlich. Es ist ganz natürlich, sich dabei verunsichert zu fühlen.

Viele Patienten, die heute psychologische Hilfe suchen, konsultieren einen Psychiater weniger wegen häuslicher Probleme – Ärger mit dem Ehepartner, Probleme mit den Kindern, Unzufriedenheit mit der Art ihrer Erziehung –, vielmehr werden sie von der Sorge um ihren Arbeitsplatz umgetrieben.

«Die Menschen haben Angst, ihre Arbeit zu verlieren», sagt ein Psychiater. «Das hat es vorher nie gegeben. Die Menschen sind völlig verunsichert.

Man erlebt einen Rausschmiß, und dann wartet jeder darauf, daß auch der zweite Schuh abgelegt wird. Aber es sind nicht nur zwei Schuhe, es sind zwanzig. Leute werden vor die Tür gesetzt. Dann kommen Programme für das vorzeitige Ausscheiden. Dann Entlassungen. Die Leute wissen nicht, ob sie am nächsten Tag noch Arbeit haben.»

«Sehen Sie sich IBM an», sagt der Redakteur eines Wirtschaftsmagazins. Der einst unbezwingbare Computergigant hat in den letzten Jahren schwere Rückschläge erlitten, weil seine beherrschende Stellung von kleineren Firmen in den USA und im Ausland angegriffen wurde.

«Das heißt nicht, daß er nicht mehr auf die Beine kommt. Aber wenn sie am Stammsitz Leute entlassen, wird IBM nie mehr dasselbe Unternehmen sein. Das bedeutet Unruhe, und das ist der Zeitpunkt, zu dem man sich fragen muß: ‹Was wird aus deiner Lebensplanung?› Die Leute, die IBM verlassen, stellen fest, daß das Leben nicht vorbei ist. Wenn man meint, die Flügel seien einem gestutzt worden, merkt man plötzlich, daß man immer noch fliegen kann.»

Als Dale Carnegie sich erstmals dem Thema «Sorge» zuwandte, stand die Welt noch ganz unter dem Eindruck der Weltwirtschaftskrise. Er konnte die Sorgenfalten auf den Gesichtern seiner Schüler und Freunde sehen.

«Die Jahre vergingen», schrieb Carnegie, «und ich erkannte, daß die Sorge eines der größten Probleme ist, vor denen Erwachsene stehen. Die meisten meiner Schüler waren Geschäftsleute – leitende Angestellte, Vertreter, Ingenieure, Buchhalter, ein Querschnitt durch sämtliche Branchen und Berufe –, und die meisten von ihnen hatten Probleme. Auch Frauen waren in den Kursen – Geschäftsfrauen und Hausfrauen. Und auch sie hatten Probleme. Fraglos brauchte ich ein Lehrbuch darüber, wie man die Sorge besiegt.

Ich ging in New York in die größte Bibliothek und stellte zu meiner großen Verwunderung fest, daß diese Bibliothek nur zweiundzwanzig Bücher zum Thema Sorge *(worry)* hatte. Zu meiner Belustigung stellte ich außerdem fest, daß es einhundertneunundachtzig Bücher über Würmer *(worms)* gab. Fast neunmal so viele Bücher über Würmer wie über Sorge! Sonderbar, nicht?

Da die Sorge eines der größten Probleme der Menschen ist, sollte man doch annehmen, daß jede Schule und Universität des Landes einen Kurs darüber anbietet, wie man dieser Sorge Herr werden kann. Aber dem ist bei weitem nicht so.»

Carnegie beschäftigte sich sieben Jahre lang mit der Sorge. Er befragte alle Fachleute seiner Zeit und las jedes Buch zu dem Thema, schöpfte aber auch aus seiner eigenen Lehrpraxis. Aus dieser Arbeit entstand ein Buch über Sorge und Streß, *Sorge dich nicht – lebe!*, das 1944 erschien. Zum ersten Mal überhaupt wurden die grundlegenden Techniken zur Überwindung der Sorge in verständlicher, offener Form dargelegt. Dieses Instrumentarium ist im Laufe der Jahre viele Male aktualisiert und überarbeitet worden, da ständig neue Ursachen für die Sorge aufkamen.

Lernen Sie diese Techniken. Wenden Sie sie jeden Tag an. Sie werden weniger Streß und Sorge empfinden. Sie werden am Ende auch seelisch und körperlich gesünder sein.

Lebe von Tag zu Tag

Becky Connolly, Abteilungsleiterin in einer Großbank, war so gestreßt, daß sie kaum noch schlafen konnte. Die Lohnbuchhaltung war weit im Rückstand, und ihre Mitarbeiter wurden immer gereizter.

Da entschied sie sich zu dem Versuch, nur noch von Tag zu Tag zu leben. «Hört zu», sagte sie ihren Mitarbeitern, «dies war schon immer ein Stoßgeschäft. Konzentriert euch ganz auf die tägliche Arbeit, die Kundenkontakte, die Betreuung und das Nachfassen bei der Werbung. Das schaffen wir schon.» Das Ergebnis? Zufriedenere, produktivere Mitarbeiter, und bald war die Abteilung wieder auf dem laufenden.

Es ist aberwitzig, wenn man sich überlegt, wieviel Energie auf die Zukunft und die Vergangenheit verwandt wird. Die Vergangenheit ist vorbei und die Zukunft noch nicht da. Und so sehr wir uns auch bemühen, wir können weder die eine noch die andere beeinflussen. Es gibt nur eine Zeit, in der wir leben können, das ist die Gegenwart, und das ist heute.

Denken Sie daran, und machen Sie sich nicht verrückt damit, was hätte sein können. Verstricken Sie sich nicht in Ängste über Dinge, die irgendwann in der Zukunft vielleicht geschehen oder auch nicht. Richten Sie Ihr Augenmerk statt dessen auf den einzigen Punkt, an dem Sie etwas ausrichten können – auf die Wirklichkeit des Lebens heute.

Lassen Sie also das Grübeln und die Luftschlösser. Natürlich, denken Sie über das Morgen nach, und lernen Sie vom Gestern. Planen Sie und versuchen Sie, das Beste aus den Erfahrungen der Vergangenheit zu ziehen. Aber wenn Sie das tun, denken Sie daran, daß die Zukunft und die Vergangenheit die beiden Dinge sind, die wahrscheinlich niemand ändern kann.

Nehmen Sie jeden Tag wie ein Geschenk. Versuchen Sie mit dem Guten und dem Schlechten zu leben, und schauen Sie mehr auf das Gute. Betätigen Sie sich im Reich der Gegenwart. Richten Sie Ihre Energie, Ihre Aufmerksamkeit, Ihr Streben auf das, was zählt: auf das Heute.

Und dann gehen Sie zur Arbeit. Sie werden vielleicht überrascht sein, wieviel an einem Tag zu schaffen ist.

Hilfe aus der Wahrscheinlichkeitsrechnung

Theo Bergauer erkannte sofort, daß etwas nicht stimmte. Bergauer ist Geschäftsführer des größten Bauunternehmens in Nordbayern. Seine langjährige Sekretärin sah aus, als würde sie jeden Augenblick anfangen zu weinen.

«Was ist denn los?» fragte Bergauer.

Sie erzählte ihm, daß ihr Sohn gerade zur Bundeswehr gekommen war. «Und seine Abteilung gehört zu den ersten, die bei Hilfseinsätzen ins Ausland müssen.» Die Kämpfe in Jugoslawien flammten damals gerade auf, und sie hatte wahnsinnige Angst, daß man ihren Sohn in den Tod schicken würde.

Bergauer wußte nicht recht, was er sagen sollte, dachte aber kurz über die Wahrscheinlichkeit nach. «Wie hoch sind die Chancen, daß seine Abteilung nach Jugoslawien geschickt wird?»

Sie kamen überein, daß sie bei etwa eins zu hundert lagen.

Und so schlossen die beiden ein Abkommen. Bergauer erklärt: «Wenn dieses eine Prozent wirklich eintrat, dann würde sie sich ein bißchen Sorgen machen. Aber vorher war überhaupt kein Anlaß zur Sorge.»

Wenn Sie sich nur eine Frage stellen und genau auf die Antwort achten, halten Sie sich einen Großteil aller Sorgen vom Leibe. Und diese eine Frage lautet: «Wie groß ist die Wahrscheinlichkeit überhaupt, daß dieses Ereignis eintritt?»

Die Situation in den richtigen Dimensionen sehen

Die meisten Menschen vergeuden viel zuviel Zeit damit, sich über Dinge Gedanken zu machen, die nie eintreten. Tatsächlich geschieht das meiste von dem, worüber sich die meisten Menschen sorgen, überhaupt nicht. Daran sollte man hin und wieder denken. «Mein Leben», schrieb der französische Philosoph Montaigne, «war voller schrecklicher Mißgeschicke, von denen die meisten nie eintraten.»

Ein sehr nützlicher Trick ist, die Wahrscheinlichkeit für die Dinge auszurechnen, die einem am meisten Sorgen bereiten. «Erst wenn man die Tatsachen kennt und die Wahrscheinlichkeit, mit der sie eintreten», sagt der Wirtschaftsautor Harvey Mackay, «kann man eine Situation in den richtigen Dimensionen sehen.

Die Wahrscheinlichkeit, daß dieses eine Flugzeug abstürzt, ist vielleicht eins zu einhunderttausend. Daß man in diesem Jahr entlassen wird, vielleicht eins zu fünfhundert oder eins zu tausend. Wahrscheinlich ist sie sogar noch geringer. Die Chancen, daß Sie eine Tasse Kaffee über den Schreibtisch schütten, ist vielleicht eins zu hundert. Aber wen interessiert das wirklich?

Wenn jemand auf der anderen Straßenseite ein Konkurrenzgeschäft eröffnet, hört sich das vielleicht schlimm an», sagt Mackay. «Aber warten Sie einen Augenblick. Er braucht drei Jahre, bis er die Ausrüstung hat. Sie sind seit zweiunddreißig Jahren hier und haben die Erfahrung, das Know-how und den guten Namen. Wie wahrscheinlich wird es also sein, daß er Ihnen das Leben wirklich schwer macht? Gehen Sie einen Schritt weiter. Berechnen Sie die Chancen.» Wahrscheinlich sind sie weit geringer, als Sie zuerst dachten.

«Man kann diese Voraussagen für alles mögliche machen», erklärt Mackay. «Wird der und der sein Geschäft aufgeben? Kann jemand ein Konkursverfahren abwenden? Was ist mit dem Bürgermeister? Wer wird gewählt? Es ist ein nicht endendes Spiel. Sie verwetten kein Geld, aber es hilft Ihnen, die Dinge im richtigen Verhältnis zu sehen. Es hält Sie auf Trab. Es kann Sie auch sehr bescheiden machen.»

Sich mit dem Unausweichlichen verbünden

Sechs Jahre hatte David Rutt eine leitende Stellung bei einer amerikanischen Export-Import-Firma inne. Dann wurde die Stelle des Importleiters frei.

«Leider», so Rutt, «wurde ich nicht befördert.» Er hätte diesen Rückschlag mit Verbitterung aufnehmen können. Er hätte das Interesse an dem Posten verlieren können, den er jetzt hatte. «Aber ich beschloß, mich wegen der Vergangenheit nicht zu grämen und aus diesem Verlust einen Gewinn zu machen», sagt er. «Ich beschloß, dem neuen Importleiter in den ersten schwierigen Monaten nach Kräften zu helfen.»

Die Quittung? «Vor kurzem bekam ich die Stelle des stellvertretenden Importleiters», erklärt Rutt.

Folgen Sie Rutts Rat: Vergeuden Sie keine Energie und Zeit, indem Sie sich über Dinge ärgern, die Sie nicht ändern können.

Wir werden täglich von unangenehmen Ereignissen der verschiedensten Art heimgesucht. Einige davon lassen sich mit Glück oder etwas Geschick abwehren. Doch es wird immer Probleme geben, die sich unserem Einfluß entziehen.

Verbrechen und Armut, die Stundenzahl eines Tages, die Tatsache, daß andere Zugriff auf wichtige Bereiche unseres Lebens haben – das sind einfach unabänderliche Fakten. Trotz größter Anstrengungen, trotz bester Einfälle, trotz aller Hilfe, die wir für uns mobilisieren können – einige Dinge können wir einfach nicht steuern.

Zu dumm, daß wir nicht alle Herren des Universums sind. Zu dumm auch, daß andere nicht immer das tun, was uns gefällt. So ist das nun einmal im Leben, und je eher wir lernen, uns damit abzufinden, desto glücklicher und erfolgreicher werden wir sein. Ein englisches Sprichwort, das man wie folgt übersetzen könnte, drückt das so aus:

> Für jedes Leiden, auch ein kleines,
> Gibt es ein Mittel oder keines.
> Wenn's eines gibt, dann suche es.
> Wenn's keines gibt, dann lasse es.

Worauf es ankommt, ist, beides auseinanderzuhalten.

Offensichtlich machen uns nicht die Umstände glücklich oder unglücklich, sondern die Art, wie wir darauf reagieren. Aber es bleibt uns kaum eine andere Wahl, als das Unausweichliche hinzunehmen. Die Alternative dazu ist meistens ein Leben voller Unzufriedenheit und Verbitterung.

Erst wenn wir aufhören, das Unausweichliche zu bekämpfen, haben wir die Zeit, die Kraft und die Phantasie, die Probleme zu lösen, die wir lösen können. «Das hinzunehmen, was geschehen ist», hat der Schriftsteller Henry James geschrieben, «ist der erste Schritt zur Überwindung der Folgen jedes Unglücks.»

Stop-Loss-Order für Ihre Sorgen

Das Krankenhaus, an dem die klinische Spezialistin Lori England arbeitete, hatte schwere Zeiten durchzustehen. Es gab eine Reihe von Entlassungen, und sie rechnete damit, eine der nächsten zu sein. Die ganze Situation im Krankenhaus bedrückte sie mehr und mehr.

Doch dann traf sie eine Entscheidung: Sie würde sich wegen der unsicheren Lage im Krankenhaus keine Gedanken mehr machen, sondern mit Freude an die Arbeit gehen.

Sie fing an, kardio-pulmonale Wiederbelebung zu unterrichten. Sie ging mit Feuereifer an andere Bereiche ihrer Arbeit heran. Ihre Kolleginnen und Kollegen bemerkten diesen Wandel, vor allem in dem generell so düsteren Umfeld.

«Wer, glauben Sie, wird in schwierigen Zeiten am ehesten entlassen?» fragt Lori England. «Wer mutlos und niedergeschlagen ist? Oder eine wertvolle Mitarbeiterin des Teams, die mit Begeisterung an alles herangeht?»

Versuchen Sie, sich die Frage zu stellen, die sich Investoren an der Wall Street stellen, wenn die Kurse fallen: Welchen Verlust bin ich bereit bei dieser Anlage hinzunehmen? Wenn die Kurse unerwartet sinken, wie lange halte ich bei dieser Aktie still? Bei welchem Kurs schlucke ich die Kröte und steige einfach aus?

In Börsenkreisen nennt man so etwas einen Stop-Loss-Auftrag. Der Händler bekommt den Auftrag: Verkaufe die Aktie, wenn sie einen bestimmten Kurs unterschreitet. Ich trage den Verlust, werde aber mein Geld nicht bei einem einzigen falschen Kauf riskieren.

Sie können genauso handeln, wenn Sorgen aufziehen. Fragen Sie sich: Wieviel Sorge ist dieses Problem wert? Ist es eine schlaflose Nacht wert? Ist es eine ganze Woche Angst wert? Ist es ein Magengeschwür wert? Das sollten nur ganz wenige Probleme wert sein. Entscheiden Sie im voraus, wieviel Sorge Ihnen ein Problem wert ist.

Eine Stelle in einem schlechtgeführten Unternehmen, ein Angestellter, der sich weigert, sich an den Bemühungen des Teams zu beteiligen, ein Lieferant mit einem schlechten Kundendienst – jeder dieser Fälle ist Einsatz und Sorge wert. Aber wieviel? Das müssen Sie bestimmen. Irgendwann kommt vielleicht der Zeitpunkt, da Sie sagen: «Her mit einem Personalvermittler.» Oder: «Setzt

ihm eine Bewährungsfrist.» Oder: «Gebt mir das Lieferantenverzeichnis.»
Kein Problem ist es wert, sich verrückt zu machen.

Die Dinge im richtigen Verhältnis sehen

Einige Dinge sind überhaupt nicht wert, sich ihretwegen zu sorgen. Es sind Bagatellen. Werden meine Haare bei dem Wind zerzaust? Wird mein Rasen grüner als der des Nachbarn? Hat der Chef mich heute angelächelt? Wen kümmert das? Doch es gibt Menschen, die ihr Leben wegen solcher Banalitäten auf den Kopf stellen. Was für eine Verschwendung.

Einige Dinge im Leben zählen wirklich. Andere nicht. Man kann seine Sorgen halbieren, wenn man lernt zu unterscheiden. Der Golfer Chi Chi Rodriguez hatte diesen Blick für den Unterschied.

Bei einem Turnier hatten sich etwa 250 Menschen versammelt, die Rodriguez beim Abschlag zusehen wollten. Er war bekannt für seine kleinen Schaueinlagen.

Hinter dem Abschlagplatz saß ein Junge in einem Rollstuhl. Niemand achtete besonders auf ihn, am allerwenigsten die Profigolfer, die vor Rodriguez abschlugen. Sie dachten wohl eher an die 450 000 Dollar Preisgeld.

Unmittelbar vor seinem Abschlag bemerkte Rodriguez den Jungen und ging zu ihm, um ihn zu begrüßen. Rodriguez holte einen Golfhandschuh aus der Tasche und zog ihn dem Jungen über. Das bedurfte einiger Sorgfalt, da die Hand stark verkrüppelt war. Dann setzte Rodriguez seinen Namenszug auf den Handschuh und schenkte dem Jungen noch einen Ball. Das Gesicht des Jungen strahlte vor Aufregung und Freude über die Beachtung, die ihm der Star schenkte.

Die Umstehenden bedachten das freundliche Verhalten von Rodriguez mit lautem Beifall. Rodriguez hob abwehrend die Hände und blickte zum Himmel, als wollte er sagen: «Ich verdiene diesen Beifall nicht. Dieser arme Junge hier und seine Familie sind die wahren Helden.»

Rodriguez war zwar völlig auf sein Spiel konzentriert, erkannte aber auch, was die schwereren Bürden des Lebens sind. Hingehen und anderen helfen: das ist eine ausgezeichnete Methode, Sorgen zu bekämpfen.

Aktiv sein

Nichts lenkt besser von Sorgen ab, als sich mit etwas anderem zu beschäftigen. Das ist etwas, das Berufsschauspieler ganz schnell lernen müssen.

«Wenn man in die engere Wahl für einen großen Film kommt», sagt die Schauspielerin Annette Bening, «kann das Warten sich über Monate hinziehen, ohne daß die verschiedenen Vorsprechtermine zu einem Ergebnis führen. Sehr nützlich finde ich, sich währenddessen hinzusetzen und sich mit der Rolle zu beschäftigen. So kann ich mich sammeln, eine Art Therapie gegen die Angst, nicht zu wissen, wie die Sache ausgehen wird. Ich stelle mir vor, ich hätte die Rolle schon bekommen und würde mich darauf vorbereiten. Wenn ich eine Rolle nicht bekomme, versuche ich einfach, geistig weiterzumachen, nicht dabei zu verharren, die nächste Sache in Angriff zu nehmen.«

Wenn Sie merken, daß Sie sich sorgen, gehen Sie eine neue Aufgabe an. Lernen Sie etwas Neues. Machen Sie etwas, woran Sie glauben. Konzentrieren Sie sich auf die Bedürfnisse anderer. Beschäftigung lenkt von den eigenen Sorgen ab. Sie tun außerdem auch anderen einen Dienst, was Ihr Selbstgefühl sicher hebt.

Was, wenn man wirklich Grund zur Sorge hat?

Trotz all der schönen Methoden, Ihre Sorgen zu überwinden, werden Sie in Ihrem Leben dennoch Probleme haben. Das geht uns allen so. Sie mögen das Unausweichliche hinnehmen. Sie mögen unerbittlich Stop-Loss-Order für Ihre Sorgen erteilen. Sie mögen sich vor Augen halten, welche verheerenden Folgen das Grübeln haben kann.

Dennoch werden Sie Probleme bekommen, und Sie werden intelligent mit ihnen umgehen müssen.

Hier ein nützliches Vorgehen in drei Schritten. Wenn Sie sie befolgen, werden Sie überrascht sein, wieviel klarer Sie sehen, womit Sie es zu tun haben.

1. Fragen Sie sich, was schlimmstenfalls passieren kann. Gott sei Dank geht es bei den meisten unserer Probleme nicht um Fragen von Leben oder Tod. Das Schlimmste, was also vielleicht passieren kann, ist, daß Sie eventuell einen wichtigen Kunden verlieren. Oder Sie kommen zu spät zu einer Verabredung. Oder Ihr Chef schreit Sie an. Oder Sie werden bei einer Beförderung übergangen, bei der Sie sich Hoffnungen gemacht hatten. Unangenehm? Auf jeden Fall. Die Ursachen ungezählter Sorgen bei Millionen Menschen überall in der Welt? Zweifellos. Tödlich? Wohl kaum.

2. Bereiten Sie sich geistig darauf vor, sich gegebenenfalls mit dem Schlimmsten abfinden zu müssen. Das heißt nicht, daß Sie sich zurücklehnen und ein Scheitern hinnehmen sollen. Es heißt lediglich, daß Sie sich sagen: Gut, damit würde ich schon fertig werden, wenn ich wirklich müßte. Und die Wirklichkeit sieht so aus, daß wir uns fast immer erholen – selbst vom «Schlimmsten».

Es ist nicht die reine Freude. Es besteht kein Grund, etwas anderes zu behaupten. Aber bei einer Beförderung übergangen oder vom Chef angeschnauzt zu werden, ist noch nicht das Ende der Welt. Wenn wir uns dies vor Augen halten – «He, was kann schlimmstenfalls passieren?» –, gehen wir die eigentlichen Fragen mit einer nicht mehr so hysterischen Geisteshaltung an.

3. Arbeiten Sie in Ruhe und methodisch darauf hin, etwas Besseres als das Schlimmste zu erreichen. Fragen Sie sich: Was kann ich tun, um die Situation zu verbessern? Wie schnell sollte ich handeln? Was kann eine Hilfe sein? Was ist nach dem ersten Schritt als zweites, drittes, viertes und fünftes zu tun? Wie kann ich den Erfolg der einzelnen Schritte messen?

Patty Adams, Vertriebsmitarbeiterin eines Serviceunternehmens, wandte die Drei-Schritte-Methode an, als sie um ihr Leben fürchten mußte. «Eines Tages klingelte das Telefon», erklärt sie. «Es war ein absoluter Alptraum. Mein Arzt wollte, daß ich umgehend noch einmal in die Praxis komme, um den Test zu wiederholen und zu bestätigen.» Gebärmutterkrebs.

«Die Angst vor der Ungewißheit lähmte mich», sagte sie. «Würde ich meine Weiblichkeit oder gar mein Leben verlieren? Tausend Möglichkeiten schossen mir durch den Kopf. Ich bekam die Bestätigung der schrecklichen Wahrheit und brach innerlich natürlich völlig zusammen.»

Sie faßte sich ein Herz, sah der Angst ins Gesicht und fragte ihren Arzt nach der schlimmstmöglichen Prognose. Sie lautete: «Operation und Verlust der Gebärfähigkeit.»

Ihre Zuversicht sank. «Mit siebenundzwanzig», erinnert sich Adams, «war ich zu jung und lebenslustig, einen solchen Verlust zu ertragen. Aber wenn ich mich nicht behandeln ließ, würde ich sterben.»

Bevor sie durchdrehte, besann Adams sich auf die Fakten. «Die Chancen einer Heilung lagen bei fünfundneunzig Prozent.»

Eineinhalb Jahre nahm sie Medikamente gegen die Krankheit – ohne Erfolg. «Als die Operation schließlich angesetzt wurde, nahm ich mir vor, Vertrauen zu haben und mich von der Angst nicht unterkriegen zu lassen», sagt sie. «Ich sagte mir, daß ich mit allem fertig werden würde, was das Leben mir noch bringen möchte.»

Sie wurde operiert. Glücklicherweise war der Geweberverlust gering, und sie wurde geheilt. «Heute, nach vier Jahren, sind keinerlei Symptome oder abnormale Zellen mehr da», sagt sie. «Jeden Tag begrüße ich das Leben neu.»

> Zügeln Sie Ihre Sorgen, und gehen Sie Ihr Leben mit Schwung und Energie an.

16 Die Macht der Begeisterung

Meine erste Unterrichtsstunde hielt ich beim Verein christlicher junger Männer in New York ab. Es war eine kleine Klasse mit nicht einmal zehn Teilnehmern. Einer der Schüler, ein Handelsvertreter, trug etwas Erstaunliches vor. Er erzählte, im letzten Herbst hätte er ein Haus auf dem Land erworben. Es war ein Neubau, und es gab weder Rasen noch einen Garten. Und er wollte gern Rispengras haben. «Ich dachte, man muß Rispengras aussäen, aber das muß man gar nicht. Man braucht im Herbst nur Asche auszustreuen, dann kommt das Rispengras im Frühling.»

Ich war verblüfft und sagte zu ihm: «Wenn das stimmt, haben Sie etwas entdeckt, woran die Wissenschaft seit Jahrhunderten vergeblich arbeitet. Sie haben entdeckt, wie man aus toter Materie lebende Materie erzeugt. Das ist einfach nicht möglich. Vielleicht sind Rispengrassamen auf Ihr Land geweht worden, ohne daß Sie es bemerkt haben. Oder es ist schon vorher Rispengras dort gewachsen. Aber eins ist klar: Aus Asche allein kann kein Rispengras entstehen.»

Der Mann geriet außer sich. Er sprang auf und rief: «Ich weiß, wovon ich rede, Mr. Carnegie. Schließlich habe ich es gemacht!»

Und er redete weiter und weiter, begeistert und angeregt. Als er fertig war, fragte ich die Klasse: «Wie viele glauben, daß dieser Mann kann, was er zu können behauptet?»

Zu meiner Überraschung gingen alle Hände hoch. Als ich fragte, warum sie das glaubten, antworteten praktisch alle: «Weil er so positiv wirkt. Er hat etwas so Mitreißendes an sich.»

Dale Carnegie

Wenn Begeisterung eine Gruppe gescheiter Geschäftsleute dazu bringen kann, Grundgesetze der Wissenschaft zu ignorieren, was vermag sie dann erst, wenn jemand etwas wirklich Vernünftiges sagt?

Das ist das entscheidende an der Begeisterung: Sie steckt an. Das gilt im Klassenzimmer, auf der Chefetage und beim Werbefeldzug. Und es gilt auch in der Eishockeyhalle. Wenn Sie nicht von einer Idee oder einem Projekt begeistert sind, ist es auch niemand anders. Wenn die Führungskräfte nicht begeistert an die Zielrichtung ihres Unternehmens glauben, dürfen sie nicht erwarten, daß die Beschäftigten, die Kunden oder die Börse es tun. Der beste Weg, jemanden für eine Idee, ein Projekt oder eine Kampagne zu begeistern, ist der, selbst begeistert zu sein. Und es auch zu zeigen.

Tommy Draffen hatte gerade seine neue Stelle als Vertreter bei einer Firma angetreten, die Sprechanlagen importierte. Nach altbewährter Firmenpraxis bedeutete dies: Draffen bekam eine Liste mit den schwierigsten Interessenten in die Hand gedrückt. Da war insbesondere eine Firma, die einmal ein sehr guter Kunde gewesen, aber schon vor Jahren abgesprungen war.

«Ich beschloß, es mir zur persönlichen Herausforderung zu machen, diesen Kunden zurückzuholen», sagt Draffen. «Das bedeutete, den Präsidenten meines Unternehmens davon zu überzeugen, daß wir den Kunden zurückgewinnen konnten. Er war nicht so sicher wie ich, wollte meinen Enthusiasmus aber nicht im Keim ersticken und erlaubte mir, den Kunden zu besuchen.»

Draffen machte dieses Geschäft zu seiner ureigenen Angelegenheit. Er bot eine Preisgarantie, eine geringere Lieferzeit und einen besseren Service. Er versicherte dem Einkaufsdirektor des Unternehmens, daß seine Firma tun werde, «was immer notwendig ist, Sie zufriedenzustellen».

Den Schlüssel zu seiner Begeisterung fand Draffen bei seinem ersten Zusammentreffen mit dem Einkaufsdirektor. Lächelnd ging er in die Besprechung und sagte: «Ich freue mich, wieder bei Ihnen zu sein.»

Draffen kam nicht ein einziges Mal in den Sinn, er könnte dieses Geschäft nicht abschließen. Er nahm fast überhaupt nicht zur Kenntnis, daß sein Unternehmen diesen Kunden schon verloren hatte. Mit seiner positiven, begeisterten Haltung überzeugte er den Kunden, daß Draffens Firma für den neuen Einsatz gerüstet war.

«Wie sich herausstellte, erzählte der Einkaufsleiter unserem Präsidenten später, daß der einzige Grund, warum sie auf unser Angebot eingegangen waren, meine Begeisterung gewesen sei. Sie gaben uns den Auftrag, der eine halbe Million Dollar pro Jahr wert ist.»

Bevor wir uns weiter mit der Begeisterung beschäftigen, muß ein für allemal mit einem weitverbreiteten Mißverständnis aufgeräumt werden. Lautstärke ist noch keine Begeisterung. Auch auf den Tisch schlagen nicht oder aufspringen oder sich sonst wie ein Dummkopf aufführen. Das ist Schwindel. Es ist offensichtlich, täuscht niemanden und bringt fast immer mehr Schaden als Nutzen.

Begeisterung ist ein Gefühl, das von innen kommen muß. Das ist so wichtig, daß es wert ist, noch einmal gesagt zu werden. *Begeisterung ist ein Gefühl, das von innen kommen muß.* Sie darf nicht mit Marktschreierei verwechselt werden.

Es ist zwar richtig, daß echte innere Begeisterung gelegentlich von verstärkter Körpersprache und etwas lauterer Sprechweise begleitet wird. Doch Leute, die zu überschwenglich werden – in der Art: «Ich bin Spitze, Sie sind Spitze, wir sind heute alle Spitze!» –, können sich genausogut ein Schild mit der Aufschrift «Ich bin ein Schaumschläger» umhängen.

«Führung beginnt mit Integrität und Glaubwürdigkeit», sagt der Chef eines Computerunternehmens. «Sie müssen glaubwürdig sein. Sie müssen jemand sein, der sein Wort hält, jemand, dem die Leute trauen können. Ich glaube, das sind Voraussetzungen für ein offenes Gespräch, nicht, wenn es den Anschein hat, als wollte man manipulieren, wäre übertrieben freundlich, habe kein Fingerspitzengefühl oder was auch immer.»

Die Männer und Frauen der Geschichte, die wirklich begeistern konnten, haben das intuitiv begriffen. War Jonas Salk in den 50er Jahren begeistert, als er einen Impfstoff gegen Kinderlähmung fand? Selbstverständlich. Er hatte Jahre seines Lebens darauf verwandt. Jeder, der mit Salk zusammenkam, konnte seine Begeisterung augenblicklich spüren, wenn er bei den endlosen Sitzungen im Labor mit leuchtenden Augen über seine Forschung sprach. Salk begeisterte Wissenschaftler zweier Generationen. Dieser Mann strahlte Enthusiasmus aus, aber er war kein Schwadroneur. Heute widmet er sich mit derselben Begeisterung der Suche nach einem Impfstoff gegen das HIV-Virus.

1969 setzte Neil Armstrong genauso begeistert den Fuß auf den Mond. Die Begeisterung war trotz aller Technik zu hören, als er sagte: «Das ist ein kleiner Schritt für einen Menschen, aber ein gewaltiger Sprung für die Menschheit.» Armstrong brauchte nicht zu schreien oder herumzuhüpfen, bevor er zurück in die Apollo-Raumfähre kletterte. Die Begeisterung sprach deutlich genug aus seinen Worten.

Als General Norman Schwarzkopf die amerikanischen Truppen 1991 in den Krieg am Persischen Golf führte, wirkte er da lässig? Ganz und gar nicht. Er brauchte nicht zu tönen und zu schreien, um seinen Männern den Eindruck zu vermitteln, daß er an ihren Auftrag glaubte. Das merkte man nach einem nur fünfsekündigen Beitrag in den Nachrichten.

Keiner dieser großen begeisterten Männer war besonders laut oder lärmend. Und doch ließen sie niemanden im unklaren darüber, was sie von ihrer Arbeit hielten.

Wahre Begeisterung besteht aus zwei Elementen: Eifer und Zuversicht. Seien Sie begeistert von Ihrer Aufgabe, und vermitteln Sie Vertrauen in Ihre Fähigkeit, sie zu bewältigen. Mehr braucht Begeisterung nicht. Zeigen Sie diese beiden Eigenschaften bei einem Unternehmen, einem Projekt oder einer Idee, und Ihre Begeisterung wird ansteckend wirken. Sie haben sie. Andere merken, daß Sie sie haben, und werden sie auch bald haben. Garantiert.

«Begeisterung ist etwas, das mir immer wie von selbst zugeflogen ist», sagt die Kunstturnerin und Olympiateilnehmerin Mary Lou Retton. «Ich bin einfach ein positiv eingestellter Mensch und habe mich immer mit positiv eingestellten Menschen umgeben. Das ist wichtig für mich.»

Diese positive Einstellung war ein Teil von Rettons Geheimnis, die anstrengenden Trainingseinheiten durchzustehen, die sie als junge Weltklasseturnerin durchstehen mußte. «Es gab Zeiten, da war mein Trainer Bela Karolyi schlecht gelaunt und sehr streng in der Halle. Ich versuchte, unsere Gruppe aus vier oder fünf Mädchen aufzumuntern. Aber wenn ein Mädchen niedergeschlagen war und sagte: ‹Ach, ich hab keine Lust›, steckte das auch die anderen an. Ich haßte das. Du konntest zehn Leute haben, die bester Laune waren, aber wenn eine dabei war, die schlechte Stimmung verbreitete, erfaßte das die ganze Gruppe. Ich habe deshalb versucht, mich von solchen Leuten fernzuhalten.»

«Sich immer mit glücklichen, erfolgreichen Menschen umgeben», empfiehlt auch der Wirtschaftsautor Harvey Mackay. «Ich gebe mich nicht mit negativen Leuten ab. Wenn Ihre Freunde und Bekannten und die Menschen, die Sie schätzen, und diejenigen, über die Sie lesen, positiv eingestellte, begeisterte, zuversichtliche Menschen mit viel Selbstachtung sind, wird das auch ein Teil von Ihnen.»

Man darf die Macht der Begeisterung nicht unterschätzen. «Jeder große, imponierende Schritt ist der Triumph der Begeisterung», hat der Dichter Ralph Waldo Emerson einmal gesagt. «Ohne sie ist nichts Großes erreicht worden.» Das galt für die Bürgerrechtsbewegung. Es galt für die Gründung der Vereinigten Staaten von Amerika. Und es gilt für alle großen Unternehmen heute.

Begeisterung ist genauso wichtig wie großes Können, genauso wichtig wie hartes Arbeiten. Wir alle kennen Leute, die brillant sind, aber nichts erreichen. Wir alle kennen Leute, die schuften, aber nichts zuwege bringen. Aber wer hart arbeitet, seine Arbeit liebt *und* Begeisterung ausstrahlt – der kommt auch voran.

Dale Carnegie fragte einmal einen Freund, wie er seine Spitzenkräfte auswähle, die Leute, von deren Fähigkeiten der Erfolg oder Mißerfolg seines Unternehmens abhänge. Die Antwort des Freundes mag manchen überraschen. «Der Unterschied in bezug auf Fähigkeiten und Intelligenz zwischen denen, die Erfolg haben, und denen, die scheitern, ist im allgemeinen weder groß noch besonders auffallend. Aber wenn zwei Leute etwa gleich gut sind, neigt sich die Waagschale zugunsten dessen, der Begeisterung mitbringt. Und jemand, der nur zweitklassige Fähigkeiten aufweist, aber Begeisterung zeigt, wird häufig jemanden mit erstklassigen Fähigkeiten, aber ohne Begeisterung ausstechen.»

Das große Manko der IQ-Tests ist immer gewesen, daß sie die Begeisterung oder den persönlichen Einsatz der Testperson nicht messen. Als man diese Tests vor zwei Generationen einführte, wurden sie als außergewöhnliches Werkzeug zur Vorhersage angepriesen. Wenn man den «Intelligenzquotienten» eines Menschen berechnete, konnte man mit großer Präzision voraussagen, zu welchen Leistungen der oder die Betreffende im Leben fähig war – so jedenfalls behaupteten die Unternehmen, die diese Tests durchführten.

Wenn das Leben so einfach wäre! Der Gedanke war bestechend, vor allem zu einer Zeit, als die ganze Welt so viel Vertrauen in die Wissenschaft setzte. Die standardisierten Tests nahmen überhand. Die Zulassungsstellen amerikanischer Universitäten verließen sich bei der Auswahl der Studenten blindlings auf die Tests. Schulberater bedienten sich ihrer, um junge Menschen in weiterführende oder Förderklassen zu versetzen. Die Militärs benutzten die IQ-Tests, um zu bestimmen, wer die Offizierslaufbahn einschlagen und wer die Latrinen putzen sollte.

Selbstverständlich ist Intelligenz wichtig. Einige haben davon mehr als andere, und das erleichtert ihnen bestimmte Dinge. Gleiches gilt für Kreativität, sportliche Fähigkeiten, das absolute Gehör und jede andere Begabung. Doch diese Begabungen sind nur das halbe Bild. Die andere Hälfte müssen wir selbst malen.

Testpsychologen betonen inzwischen ausdrücklich, wie unvollständig ihre Ergebnisse in Wirklichkeit sind. Schulzulassungsstellen werden darauf hingewiesen, die Ergebnisse nicht zu rigide auszulegen. Eine Vielzahl weiterer Faktoren muß berücksichtigt werden – darunter die persönliche Begeisterung als einer der wichtigsten.

Begeisterung kann man nicht vortäuschen. Aber man kann sie schaffen, man kann sie pflegen, und man kann sie für sich arbeiten lassen. Dale Carnegie hat diesen Vorgang wie folgt beschrieben: «Begeisterung erwirbt man, wenn man an das glaubt, was man macht, und an sich selbst und wenn man etwas Bestimmtes erreichen möchte. Die Begeisterung folgt so sicher wie die Nacht auf den Tag.»

Wie kann man diesen Prozeß in Gang setzen? «Indem Sie sich klarmachen, was Ihnen an dem gefällt, was Sie tun, und schnell von dem, was Ihnen nicht gefällt, übergehen zu dem, was Ihnen gefällt. Gehen Sie dann begeistert ans Werk. Erzählen Sie anderen davon. Sagen Sie ihnen, warum es Sie interessiert. Wenn Sie so handeln, ‹als ob› Sie an Ihrer Arbeit interessiert wären, wird dieses bißchen Schauspielern Ihr Interesse tatsächlich Wirklichkeit werden lassen. Es wird außerdem in den meisten Fällen Ihre Müdigkeit, Ihre Spannungen und Ihre Sorgen abbauen.»

Begeisterung ist am leichtesten zu wecken, wenn Sie echte Ziele im Leben haben, Dinge, auf die Sie sich wirklich freuen. Lassen Sie dem freien Lauf, und die Begeisterung in Ihnen wird wachsen.

Nehmen Sie sich, wenn Sie morgens aufwachen, eine Minute Zeit, an etwas Angenehmes zu denken, das an diesem Tag eintreten wird. Es muß nichts Großartiges sein. Vielleicht ist es etwas an Ihrer Arbeit, das Ihnen immer Freude macht. Vielleicht ist es eine Freundin, mit der Sie sich zum Essen treffen. Vielleicht ist es ein Familienausflug, ein Bier mit Freunden, eine Stunde auf dem Squashplatz oder beim Aerobic-Kurs. Was immer das angenehme Ereignis ist, das wichtige daran ist dies: Das Leben muß nicht trist und uninteressant sein. Wir alle brauchen Ziele und Erfahrungen, auf die wir uns freuen. Das sind die Dinge, die dem Leben Antrieb geben. Wer dann sogar einen Moment darüber nachdenkt, gewinnt eine ganz neue Sicht vom Leben. Er kann aus den eingefahrenen Gleisen ausbrechen. Er wird, mit anderen Worten, begeistert leben.

«Moderne Unternehmen brauchen mehr denn je eine begeisterte Führung», meint der Präsident eines südamerikanischen Unternehmens. «Das ist schon fast die Definition von Leadership – die Fähigkeit, Begeisterung für ein gemeinsames Ziel auf andere zu übertragen. Wenn Sie möchten, daß ein Team heute oder morgen begeistert an ein Projekt geht und gerne daran arbeitet, nützt es nichts, eine Aktennotiz zu schreiben: ‹Ab morgen soll jeder eine Menge Begeisterung zeigen.›

Wenn Sie keine Begeisterung empfinden, können Sie auch niemand anderen begeistern. Wenn Sie also eine Umgebung ändern möchten, müssen Sie sich zuerst selbst ändern. Wenn Sie sich nicht zuerst ändern, können Sie nicht einmal Ihre Kinder ändern. Wenn Sie Ihren Sohn für Fußball begeistern möchten, müssen Sie selbst davon begeistert sein.

Begeisterung ist etwas, das Sie durch Ihre Augen vermitteln, durch die Art, wie Sie sich bewegen, wie Sie den ganzen Tag handeln, nicht dadurch, daß Sie eine Anleitung in einer Aktennotiz verfassen. Ich glaube, daß tatsächlich jeder sich für etwas begeistern kann. Wenn Sie keinerlei Begeisterung empfinden, könnten Sie genausogut tot sein. Sobald Sie feststellen, daß Sie etwas begeistert tun, ist es ein leichtes, die Fähigkeit zu entwickeln, sich fast für jedes Ziel zu begeistern.»

Tatsächlich sichert Begeisterung fast immer auch Erfolg. Es fällt vielleicht schwer, das zu glauben, aber viele Anzeichen sprechen dafür.

Man kann allein daran, wie David Webb, der frühere Direktor der Lever Brothers Company, zur Tür seines

Büros hereinkommt, merken, daß er voller Begeisterung steckt. Er ist kein Schreihals oder ewig lächelnder Sonnyboy. Aber es ist etwas Positives, Fröhliches in seinem Gang, dem erhobenen Kopf, den aufmerksam blickenden Augen. Es mag banal klingen, aber dieser Blick hat mehr Kraft, als die meisten von uns sich vorstellen können. Das ist kein Zufall.

«Die Leute lesen einem im Aufzug im Gesicht», sagt Webb. «Man bringt zum Ausdruck, welche Wertvorstellungen man hat, vierundzwanzig Stunden am Tag. Die Leute haben ein gutes Gedächtnis.»

Und Webb fährt fort: «Ich habe das von Sir David Orr gelernt, der Unilever-Marketingdirektor in Indien war. Er kannte jeden Vertreter im Land, und wir haben ein riesiges Händlernetz. Als ich sein Nachfolger in Indien wurde, fand ich keinen Händler, der sich nicht an Sir Davids Begeisterung erinnert hätte.»

Webb lernte seine Lektion und vergaß sie nicht, als er bei Lever Brothers bis zur Spitze aufstieg. «Ich habe innerhalb von drei Monaten jeden Vertreter in diesem Unternehmen kennengelernt – ich glaube, wir haben so um die siebenhundertfünfzig», erinnert er sich. «Sie kennen mich. Sie können zu mir kommen. Ich bin manchmal draußen und albere mit ihnen herum. Ich liebe die Vertreter und die Leute in den Werken. Es gibt niemanden, den ich nicht mag.»

Thomas Doherty war leitender Angestellter bei einem regionalen Kreditinstitut, das von einer Großbank übernommen wurde. Viele von Dohertys Kollegen waren wegen des Eigentümerwechsels äußerst beunruhigt. «Das ist normal», sagt Doherty. «Kunden, die Familie, Freunde, alle fragten uns: ‹Was hältst du von der Fusion?› Ist man begeistert, sind sie es auch. Ich glaube, Einstellung und Begeisterung, das ist es, worauf die Leute schauen. Wenn man jeden Tag mit mürrischem Gesicht hinterm Schalter steht, merken das die Leute sofort. Aber wenn man in den Aufzug steigt und jedem guten Morgen sagt, denken sie: Donnerwetter, der ist ja richtig begeistert. Warum es nicht auch versuchen?»

Diese Anleitung setzt natürlich voraus, daß es an Ihrer Arbeit etwas gibt, das Ihnen Freude macht. Das herauszufinden erfordert vielleicht ein wenig Gewissensprüfung. Die Wahrheit ist, daß fast jede Arbeit etwas hat, das man mögen kann, aber beschönigen wir nicht die harte Wirklichkeit: Es gibt einige Arbeiten, die einfach schrecklich sind – oder für Ihre Art, Ihre Fähigkeiten oder Ihre Ziele einfach ungeeignet. Wenn das für Sie gilt, unternehmen Sie etwas. Sie werden nie echten Erfolg haben, wenn Sie durch Ihr Leben oder Ihre Arbeit nicht angeregt werden. Viele sind von Job zu Job gesprungen, bis sie schließlich das Richtige hatten. Daran ist nichts auszusetzen. Bedenklich ist, wenn man sich an seinem Arbeitsplatz todunglücklich fühlt und nicht versucht, die Lage zu verbessern oder eine andere Arbeit zu finden.

Wenn das Leben Sie langweilt, werden die Menschen in Ihrer Umgebung ebenfalls einschlafen. Wenn Sie sarkastisch und feindselig sind, werden sie es auch sein. Wenn Sie lauwarm sind, werden sie niemanden anheizen.

Seien Sie also begeistert. Beobachten Sie, wie das auf die Menschen Ihrer Umgebung wirkt. Sie werden produktiver sein und bemüht, Ihnen nachzueifern. Denken Sie daran: Tiefe Empfindungen sind stärker als nüchterne Ideen. Und echte Begeisterung steckt an.

> Unterschätzen Sie niemals die Macht der Begeisterung.

Schlußbetrachtung
Packen Sie es an

Der Umgang mit Menschen ist wahrscheinlich das Schwierigste überhaupt, besonders wenn man im Wirtschaftsleben tätig ist. Aber das gilt genauso für die Hausfrau, die Architektin oder den Ingenieur. Mit der Unterstützung der Carnegie-Stiftung durchgeführte Studien haben etwas sehr Wichtiges und Bemerkenswertes zutage gefördert: Selbst in technischen Bereichen gehen nur etwa 15 Prozent des finanziellen Erfolgs auf fachliches Wissen zurück, etwa 85 Prozent dagegen auf Fähigkeiten im Human Engineering *– auf die Persönlichkeit und das Geschick, Menschen zu führen.*

Dale Carnegie

Sehen Sie aus dem Fenster. Registrieren Sie, wieviel sich in den letzten Jahren verändert hat.

Der Nachkriegsaufschwung ist dahin. Der Wettbewerb wurde weltumspannend, die Verbraucher anspruchsvoller, Qualität die Ausnahme. Völlig neue Branchen entstanden, andere wurden neu strukturiert. Einige gingen ein und verschwanden. Die Vorstellung von zwei militärischen Supermächten kommt einem inzwischen wie alte Geschichte vor.

Der Ostblock ist zerfallen. Europa rückt täglich enger zusammen. Die Länder der dritten Welt versuchen mit Macht, sich einen Weg auf die wirtschaftliche Bühne zu bahnen. Der moderne Kapitalismus hat viel von seinen sicheren Bequemlichkeiten verloren – und mit ihnen die gelobte Stabilität, auf die sich Generationen von Geschäftsleuten eingestellt hatten.

Hat Dale Carnegie all diese Veränderungen vorausgesehen? Selbstverständlich nicht. Das hätte niemand in einer sich so rasch wandelnden Welt vermocht.

Doch Carnegie tat etwas Wichtigeres. Er hinterließ *zeitlose* Grundsätze für das menschliche Miteinander, die heute so gültig sind wie eh und je. Und wie sich herausstellte, eignen sie sich ganz besonders für die aktuelle, streßgeplagte, schnellebige, unsichere Welt.

> Betrachten Sie die Dinge aus der Sicht des anderen.
> Spenden Sie echte Anerkennung und echtes Lob.
> Nutzen Sie die starke Macht der Begeisterung.
> Achten Sie die Würde anderer.
> Seien Sie nicht zu kritisch.
> Sorgen Sie für einen guten Ruf, an dem andere sich orientieren können.
> Bewahren Sie sich ein Gefühl für Freude und Ausgewogenheit im Leben.

Seit über drei Generationen profitieren wir von diesem Grundwissen.

Die Zeitlosigkeit von Carnegies Grundsätzen dürfte eigentlich nicht überraschen. Sie waren nie in der Wirklichkeit eines bestimmten Augenblicks verwurzelt, einer Wirklichkeit, die sich unerbittlich wieder und wieder wandelt. Dafür hat Carnegie seine Grundsätze zu lange und zu hart getestet. Moden sind im Lauf der Jahre gekommen und gegangen, Aktienkurse gestiegen und gefallen. Die Technologie hat sich rasant entwickelt. Politische Parteien haben gewonnen und verloren. Und das Wirtschaftspendel hat ausgeschlagen wie bei einem Hypnotiseur – gute Zeiten, schlechte Zeiten, gute Zeiten, schlechte Zeiten ...

Aber Carnegies Erkenntnisse sind solide. Man braucht sie nur anzuwenden. Sie fußen auf Grundtatsachen der menschlichen Natur, so daß ihr eigentlicher Wahrheitsgehalt nie schwankt. Sie gelten, auch wenn die Welt dahinrast. Und in der neuen Zeit ständiger Veränderungen gelten sie genauso. Nur daß Carnegies Grundsätze heute notwendiger sind denn je.

Wenden Sie also diese grundlegenden Erkenntnisse und Methoden an. Machen Sie sie zu einem Teil Ihres Alltags. Nutzen Sie sie bei Ihren Freunden, der Familie und den Kollegen. Und erleben Sie, was für einen Unterschied sie machen.

Die Grundsätze Carnegies erfordern kein Psychologiestudium. Sie bedürfen nicht jahrelangen Nachdenkens. Alles, was man braucht, sind Übung, Energie und der aufrichtige Wunsch, in der Welt besser voranzukommen.

«Die Regeln, die wir aufgestellt haben, sind keine blanke Theorie oder Mutmaßungen», sagt Dale Carnegie über die Grundsätze, die er sein Leben lang Millionen Menschen nahegebracht hat. «Sie wirken wie ein Zauber. So unglaublich es klingen mag, ich selbst habe erlebt, wie die Anwendung dieser Grundsätze das Leben vieler Menschen buchstäblich revolutioniert hat.»

Nehmen Sie sich diese Worte zu Herzen, und finden Sie die Führungspersönlichkeit und die Voraussetzungen für den Erfolg in sich selbst.

Dank

Ein Buch wie dieses kann nicht von ein oder zwei Personen allein geschaffen werden. Beim vorliegenden Buch haben viele sachkundige Personen unschätzbare Hilfe geleistet, unter anderen J. Oliver Crom, Arnold J. Gitomer, Marc K. Johnston, Kevin M. McGuire, Regina M. Carpenter, Mary Burton, Jeanne M. Narucki, Diane P. McCarthy, Helena Ståhl, Willi Zander, Jean-Louis Van Dorne, Frederic W. Hills, Marcella Berger, Laureen Connelly und Ellis Henican. Ihnen allen gilt unser Dank.

Zu Dank sind wir auch für die große und umfangreiche Unterstützung verpflichtet, die wir von der gesamten Dale-Carnegie-Organisation einschließlich ihrer Geschäftsführer und Kursleiter erhalten haben.

Sehr viel verdankt dieses Buch zudem den Lebenserfahrungen einiger der großen Führungspersönlichkeiten. Diese Männer und Frauen kommen aus vielen Bereichen, aus der Wirtschaft, der Wissenschaft, der Unterhaltung, dem Sport und der Politik. Sie alle haben uns großzügig teilhaben lassen an ihren Erfahrungen und Erkenntnissen. Ihnen gebührt unsere Achtung.

Stuart R. Levine
Chief Executive Officer der
Dale Carnegie & Associates Inc.

Michael A. Crom
Vicepresident der
Dale Carnegie Centers of Excellence